여행중국어가 더 쉽고 재밌어지는
해커스중국어의
추가 자료 5종

교재 MP3	중국어회화 무료 동영상강의	중국어회화 무료 레벨테스트	데일리 중국어 필수 단어	데일리 한자 상식 퀴즈

본 교재 인강 30% 할인쿠폰

C74ADCC9F8BBEDDK

해커스중국어(china.Hackers.com) 접속 후 로그인 ▶
나의강의실 ▶ 내 쿠폰 확인하기 ▶쿠폰 번호 등록

* 쿠폰 등록 후 30일간 사용 가능

▲ 바로가기

🏮 이렇게 이용해보세요! 🏮

교재 MP3는
해커스중국어(china.Hackers.com) 접속 후 로그인 ▶
상단의 [교재/MP3] 클릭 ▶ [교재 MP3/자료] 클릭 후 이용

중국어회화 무료 동영상강의는
해커스중국어(china.Hackers.com) 접속 후 로그인 ▶
상단의 [무료 자료 → 무료강의] 클릭 후 이용

중국어회화 무료 레벨테스트는
해커스중국어(china.Hackers.com) 접속 후 로그인 ▶
상단의 [이벤트 → HSK/회화 무료레벨테스트] 클릭 후 이용

데일리 중국어 필수 단어, 데일리 한자 상식 퀴즈는
해커스중국어(china.Hackers.com) 접속 후 로그인 ▶
상단의 [무료 자료 → 데일리 학습자료] 클릭 후 이용

중국어인강 1위 해커스
말문이 트이는 해커스중국어 학습 시스템

주간동아 선정 2019 한국 브랜드 만족지수 교육(중국어인강) 부문 1위

STEP별 강의 시스템
단기 목표 달성을 위한 최적의 커리큘럼 제공

중국어회화 무료 레벨테스트
내 실력을 진단하고 맞춤형 학습법 제시

1:1 질문 & 답변 시스템
언제 어디서나! 1:1 맞춤 학습 상담

무료 학습자료 무한제공
학습 효율 극대화! 데일리 학습자료 제공

해커스중국어 **china.Hackers.com**

해커스 여행 중국어
10분의 기적

해커스

목차

중국어로 여행이 가능해지는 교재 활용법   04

01 공항에서
1. 탑승 수속 및 입국 심사 받기   08
2. 비행기 탑승하기   12
3. 문제 상황 대처하기   16

03 호텔에서
1. 체크인·체크아웃하기   40
2. 객실 서비스 요청하기   44
3. 시설·기기 관련 문의하기   48

02 거리·역에서
1. 길 물어보기   22
2. 택시 타기   26
3. 버스·지하철 타기   30
4. 기차 타기   34

04 음식점·카페에서
1. 자리 잡기   54
2. 음식 주문하기   58
3. 마라탕·훠궈 주문하기   62
4. 햄버거 주문하기   66
5. 커피·티 주문하기   70
6. 술 주문하기   74
7. 추가 요청하기   78
8. 컴플레인하기   82
9. 계산하기   86

05 관광지에서

1. 표 구매·취소·변경하기 — 92
2. 관람하기 및 사진 요청하기 — 96
3. 마사지 숍 가기 — 100

07 긴급상황

1. 아프거나 다쳤을 때 — 120
2. 분실하거나 도난당했을 때 — 124

06 쇼핑몰·시장에서

1. 상품 고르기 — 106
2. 가격 문의 및 계산하기 — 110
3. 교환·환불·세금 환급 요청하기 — 114

부록

여행이 더 편해지는 중국어 — 128
01 가장 많이 쓰게 될 10문장
02 가장 많이 듣게 될 10문장
03 한눈에 보는 숫자 표현
04 쉽게 따라 쓰는 입국신고서 작성법

급할 때 바로 찾아 말하는 여행 문장 사전 — 136

중국어로 여행이 가능해지는
교재 활용법

정확하게 소통하고 싶을 땐 이렇게 활용하세요!

한 단어로만 소통하기!
한 단어로만 말해도 뜻이 통하는 여행 단어들을 모아두었어요. 보다 정확하게 소통하기 위해 또박또박 말해보세요.

만능 패턴으로 소통하기!
각 상황에서 가장 많이 쓰이는 패턴에 단어만 바꿔 말해보세요.

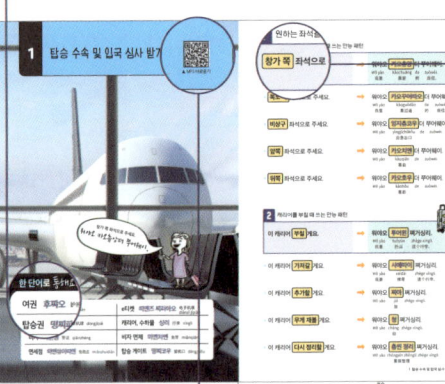

생존 문장으로 소통하기!
각 상황에서 꼭 필요한 문장들이에요. 짧은 통문장이니 자신 있게 말해보세요.

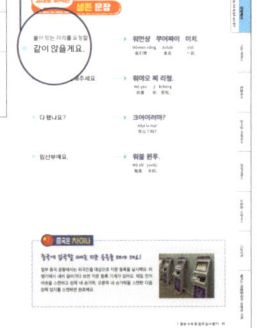

원어민 발음으로 소통하기!
QR코드를 찍으면 별도의 다운로드 없이 바로 음원을 들을 수 있어요. 실제 원어민의 음성을 들으며 정확한 발음으로 말해보세요.

해커스 여행중국어 10분의 기적

급할 때 이렇게 활용하세요!

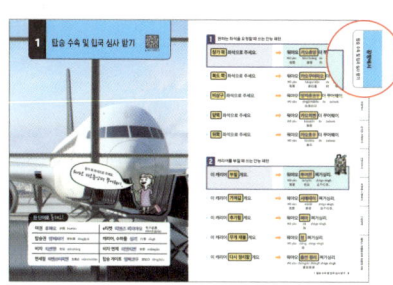

지금 처한 상황 바로 찾아 말하기!

페이지 우측의 인덱스를 활용하여 내가 지금 처한 상황을 바로 찾아보세요. 급할 때 상황에 맞는 단어, 패턴, 문장을 빠르게 찾을 수 있어요.

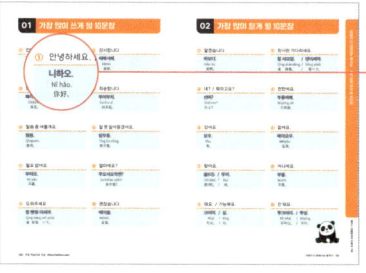

자주 쓰는 표현 바로 찾아 말하기!

여행 가서 가장 많이 쓰고 듣게 될 문장과 함께 자주 쓰는 숫자·가격·날짜·시간 표현을 책 뒤편에 정리해두었어요. 해당 페이지를 딱 펼쳐서 보고 말하거나 손가락으로 짚어 보여주세요.

원하는 문장 키워드로
바로 찾아 말하기!

급하게 중국어로 말해야 하는 상황이 생기면 우리말 키워드로 재빨리 찾아말해 보세요. 중국어 단어와 문장까지 한 번에 볼 수 있어요.

중국어로 여행이 가능해지는 **교재 활용법** 5

해커스 여행중국어 10분의 기적

01
공항에서

1. 탑승 수속 및 입국 심사 받기
2. 비행기 탑승하기
3. 문제 상황 대처하기

1 탑승 수속 및 입국 심사 받기

▲ MP3 바로듣기

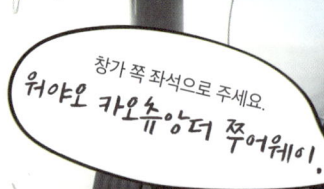
창가 쪽 좌석으로 주세요.
워야오 카오촹앙더 쭈어웨이

한 단어로 통해요!

여권 후짜오 护照 hùzhào	e티켓 띠엔즈 찌피아오	电子机票 diànzǐ jīpiào
탑승권 떵찌파이 登机牌 dēngjīpái	캐리어, 수하물 싱리	行李 xíngli
비자 치엔쩡 签证 qiānzhèng	비자 면제 미엔치엔	免签 miǎnqiān
면세점 미엔슈이띠엔 免税店 miǎnshuìdiàn	탑승 게이트 떵찌코우	登机口 dēngjīkǒu

1 원하는 좌석을 요청할 때 쓰는 만능 패턴

창가 쪽 좌석으로 주세요. ➡ 워야오 **카오츄앙** 더 쭈어웨이.
Wǒ yào kàochuāng de zuòwèi.
我要 靠窗 的 座位。

- **복도 쪽** 좌석으로 주세요. ➡ 워야오 **카오꾸어따오** 더 쭈어웨이.
  Wǒ yào kàoguòdào de zuòwèi.
  我要 靠过道 的 座位。

- **비상구** 좌석으로 주세요. ➡ 워야오 **잉지츄코우** 더 쭈어웨이.
  Wǒ yào yìngjíchūkǒu de zuòwèi.
  应急出口

- **앞쪽** 좌석으로 주세요. ➡ 워야오 **카오치엔** 더 쭈어웨이.
  Wǒ yào kàoqián de zuòwèi.
  靠前

- **뒤쪽** 좌석으로 주세요. ➡ 워야오 **카오호우** 더 쭈어웨이.
  Wǒ yào kàohòu de zuòwèi.
  靠后

2 캐리어를 부칠 때 쓰는 만능 패턴

이 캐리어 **부칠** 게요. ➡ 워야오 **투어윈** 쩌거싱리.
Wǒ yào tuōyùn zhège xíngli.
我要 托运 这个行李。

- 이 캐리어 **가져갈** 게요. ➡ 워야오 **시에따이** 쩌거싱리.
  Wǒ yào xiédài zhège xíngli.
  我要 携带 这个行李。

- 이 캐리어 **추가할** 게요. ➡ 워야오 **찌아** 쩌거싱리.
  Wǒ yào jiā zhège xíngli.
  加

- 이 캐리어 **무게 재볼** 게요. ➡ 워야오 **청** 쩌거싱리.
  Wǒ yào cheng zhège xíngli.
  称

- 이 캐리어 **다시 정리할** 게요. ➡ 워야오 **총씬 정리** 쩌거싱리.
  Wǒ yào chóngxīn zhěnglǐ zhège xíngli.
  重新整理

3 기내 반입이 되는지 물어볼 때 쓰는 만능 패턴

보조 배터리 가지고 탈 수 있나요? → **충띠엔바오** 크어이 따이샹페이찌마?
Chōngdiànbǎo kěyǐ dàishang fēijī ma?
充电宝 可以 带上飞机吗?

- **전자 담배** 가지고 탈 수 있나요? → **띠엔즈옌** 크어이 따이샹페이찌마?
  Diànzǐyān kěyǐ dàishang fēijī ma?
  电子烟 可以 带上飞机吗?

- **향수** 가지고 탈 수 있나요? → **씨앙슈에이** 크어이 따이샹페이찌마?
  Xiāngshuǐ kěyǐ dàishang fēijī ma?
  香水

- **우산** 가지고 탈 수 있나요? → **위싼** 크어이 따이샹페이찌마?
  Yǔsǎn kěyǐ dàishang fēijī ma?
  雨伞

- **이거** 가지고 탈 수 있나요? → **쩌거** 크어이 따이샹페이찌마?
  Zhège kěyǐ dàishang fēijī ma?
  这个

4 방문 목적을 말할 때 쓰는 만능 패턴

여행 왔어요. → 워쓸 라이 **뤼요우** 더.
Wǒ shì lái lǚyóu de.
我是 来 旅游 的。

- **휴가** 왔어요. → 워쓸 라이 **뚜찌아** 더.
  Wǒ shì lái dùjià de.
  我是 来 度假 的。

- **출장** 왔어요. → 워쓸 라이 **츄차이** 더.
  Wǒ shì lái chūchāi de.
  出差

- **유학** 왔어요. → 워쓸 라이 **리우쉬에** 더.
  Wǒ shì lái liúxué de.
  留学

고대로 써먹는 생존 문장

붙어 있는 자리를 요청할 때
- 같이 앉을게요. ·······▷ **워먼샹 쭈어짜이 이치.**
  Wǒmen xiǎng zuòzài yìqǐ.
  我们想 坐在 一起。

- 마일리지 적립해주세요. ·······▷ **워야오 찌 리쳥.**
  Wǒ yào jī lǐchéng.
  我要 积 里程。

- 다 됐나요? ·······▷ **크어이러마?**
  Kěyǐ le ma?
  可以了吗?

- 임산부예요. ·······▷ **워쓸 윈푸.**
  Wǒ shì yùnfù.
  我是 孕妇。

중국은 차이나

중국에 입국할 때는 지문 등록을 해야 해요!

일부 중국 공항에서는 외국인을 대상으로 지문 등록을 실시해요. 비행기에서 내려 걸어가다 보면 지문 등록 기계가 있어요. 제일 먼저 여권을 스캔하고 왼쪽 네 손가락, 오른쪽 네 손가락을 스캔한 다음 양쪽 엄지를 스캔하면 완료예요.

2 비행기 탑승하기

▲ MP3 바로듣기

담요 있나요?
요우 마오탄마?

한 단어로 통해요!

자리, 좌석 웨이즈 位子 wèizi	비행기 모드 페이싱 모쓸 飞行模式 fēixíng móshì
와이파이 와이파이 Wi-Fi Wi-Fi	기내 면세품 찌샹 미엔쓔이핀 机上免税品 jīshàng miǎnshuìpǐn
입국신고서 루찡카 入境卡 rùjìngkǎ	펜 비 笔 bǐ
슬리퍼 투어시에 拖鞋 tuōxié	탄산수 치슈에이 汽水 qìshuǐ

1 필요한 용품이 있을 때 쓰는 만능 패턴

담요 있나요? → 요우 **마오탄** 마?
Yǒu máotǎn ma?
有 毛毯 吗?

- **베개** 있나요? → 요우 **전토우** 마?
  Yǒu zhěntou ma?
  有 枕头 吗?

- **안대** 있나요? → 요우 **옌짜오** 마?
  Yǒu yǎnzhào ma?
  眼罩

- **헤드폰** 있나요? → 요우 **얼찌** 마?
  Yǒu ěrjī ma?
  耳机

- **펜** 있나요? → 요우 **비** 마?
  Yǒu bǐ ma?
  笔

2 음료를 요청할 때 쓰는 만능 패턴

물 주세요. → 워야오 **슈에이**.
Wǒ yào shuǐ.
我要 水。

- **콜라** 주세요. → 워야오 **크어르어**.
  Wǒ yào kělè.
  我要 可乐。

- **주스** 주세요. → 워야오 **구어쯜**.
  Wǒ yào guǒzhī.
  果汁 받음으로 읽어요!

- **커피** 주세요. → 워야오 **카페이**.
  Wǒ yào kāfēi.
  咖啡

- **맥주** 주세요. → 워야오 **피지우**.
  Wǒ yào píjiǔ.
  啤酒

3 물건이 고장났을 때 쓰는 만능 패턴

| 모니터 가 고장났어요. | → | 워더 핑무 화이러.
Wǒ de píngmù huài le.
我的 屏幕 坏了。 |

- 안전벨트 가 고장났어요. → 워더 안취엔따이 화이러.
  Wǒ de ānquándài huài le.
  我的 安全带 坏了。

- 등받이 가 고장났어요. → 워더 이뻬이 화이러.
  Wǒ de yǐbēi huài le.
  椅背

- 테이블 이 고장났어요. → 워더 샤오쮸오반 화이러.
  Wǒ de xiǎozhuōbǎn huài le.
  小桌板

- 팔걸이 가 고장났어요. → 워더 푸쇼우 화이러.
  Wǒ de fúshǒu huài le.
  扶手

4 다른 승객에게 요구 사항이 있을 때 쓰는 만능 패턴

| 의자를 차지 말아 주세요. | → | 칭니 부야오티 이즈 .
Qǐng nǐ búyào tī yǐzi.
请你 不要踢椅子。 |

- 조금 조용히 해 주세요. → 칭니 안찡 이디알 .
  Qǐng nǐ ānjìng yìdiǎnr.
  请你 安静一点儿。

- 이어폰을 꺼 주세요. → 칭니 따이샹 얼찌 .
  Qǐng nǐ dàishang ěrjī.
  戴上耳机

- 창문 닫개를 내려 주세요. → 칭니 꽌삐 즈어꽝반 .
  Qǐng nǐ guānbì zhēguāngbǎn.
  关闭遮光板

- 의자 좀 앞으로 세워 주세요. → 칭니 바 이즈 왕치엔 티아오디알 .
  Qǐng nǐ bǎ yǐzi wǎng qián tiāo diǎnr.
  把椅子往前调点儿

고대로 써먹는 생존 문장

● 지나갈게요. ········▷ **워 꾸어취이씨아.**
　　　　　　　　　　　　　Wǒ　guòqu yíxià.
　　　　　　　　　　　　　我　过去一下。

음료, 기내식 등의 종류가 궁금할 때
● 뭐 있어요? ········▷ **요우 나죵?**
　　　　　　　　　　　　　Yǒu　nǎ zhǒng?
　　　　　　　　　　　　　有　哪种?

음료, 기내식 서비스를 거절할 때
● 필요 없어요. / 괜찮습니다. ········▷ **워 부야오.**
　　　　　　　　　　　　　Wǒ　bú yào.
　　　　　　　　　　　　　我　不要。

캐리어를 놓을 공간이 없을 때
● 빈 자리가 없어요. ········▷ **메이요우 콩웨이.**
　　　　　　　　　　　　　Méiyǒu　kòngwèi.
　　　　　　　　　　　　　没有　空位。

중국은 차이나

중국에는 중간 체류지가 있는 항공편이 있어요!

직항이 많이 없는 항공편 중에는 비행 중간에 다른 지역에 밀췄다가 승객과 화물을 싣고 목적지로 향하기도 해요. 이를 '기착지 경유(经停)'라고 해요. 기존 승객들은 비행기에서 잠깐 내렸다가 다시 탑승하거나 기내에서 쭉 대기하기도 해요.

3 문제 상황 대처하기

▲ MP3 바로듣기

제 캐리어가 파손됐어요.
워더 싱리 화이러.

한 단어로 통해요!

연착	옌출	延迟 yánchí
놓치다	추어꾸어	错过 cuòguò
안 나왔다	메이츄라이	没出来 méi chūlai
보상	페이챵	赔偿 péicháng

결항	팅항	停航 tíngháng
두고 왔다	왕따이	忘带 wàng dài
수하물 영수증	싱리피아오	行李票 xínglipiào
수수료	쇼우쒸페이	手续费 shǒuxùfèi

1 캐리어에 문제가 생겼을 때 쓰는 만능 패턴

제 캐리어가 **파손됐어요**. ➡ 워더 싱리 **화이러**.
Wǒ de xíngli huài le.
我的 行李 坏了。

- 제 캐리어가 **안 나왔어요**. ➡ 워더 싱리 **메이츄라이**.
  Wǒ de xíngli méi chūlai.
  我的 行李 没出来。

- 제 캐리어가 **바뀌었어요**. ➡ 워더 싱리 **뻬이 나조우러**. *내 캐리어를 누가 가져갔을 때 말해보세요.*
  Wǒ de xíngli bèi názǒu le.
  被拿走了

- 제 캐리어가 **없어졌어요**. ➡ 워더 싱리 **쟈오부따오러**.
  Wǒ de xíngli zhǎo bu dào le.
  找不到了

- 제 캐리어가 **잠겼어요**. ➡ 워더 싱리 **뻬이수어러**. *보안 자물쇠가 채워져 나올 경우 말해보세요.*
  Wǒ de xíngli bèi suǒ le.
  被锁了

2 비행기에 소지품을 두고 내렸을 때 쓰는 만능 패턴

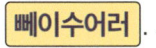

제 **휴대폰**이 비행기에 있어요. ➡ 워더 **쇼우찌** 짜이 페이찌샹.
Wǒ de shǒujī zài fēijī shang.
我的 手机 在 飞机上。

- 제 **지갑**이 비행기에 있어요. ➡ 워더 **치엔빠오** 짜이 페이찌샹.
  Wǒ de qiánbāo zài fēijī shang.
  我的 钱包 在 飞机上。

- 제 **가방**이 비행기에 있어요. ➡ 워더 **빠오** 짜이 페이찌샹.
  Wǒ de bāo zài fēijī shang.
  包

- 제 **여권**이 비행기에 있어요. ➡ 워더 **후쨔오** 짜이 페이찌샹.
  Wǒ de hùzhào zài fēijī shang.
  护照

- 제 **소지품**이 비행기에 있어요. ➡ 워더 **똥시** 짜이 페이찌샹.
  Wǒ de dōngxi zài fēijī shang.
  东西

3 지연 보상 서비스가 제공되는지 물어볼 때 쓰는 만능 패턴

| 식사 가 제공되나요? | ➡ | 티꽁 찬스 마?
Tígōng cānshí ma?
提供 餐食 吗? |

- 숙소 가 제공되나요? ➡ 티꽁 쥬수 마?
  Tígōng zhùsù ma?
  提供 住宿 吗?

- 비행기표 가 제공되나요? ➡ 티꽁 찌피아오 마?
  Tígōng jīpiào ma?
  机票

- 휴식 공간 이 제공되나요? ➡ 티꽁 씨우시스 마?
  Tígōng xiūxishì ma?
  休息室

- 금전적 보상 이 제공되나요? ➡ 티꽁 페이챵 마?
  Tígōng péicháng ma?
  赔偿

4 표를 새로 구매해야 할 때 쓰는 만능 패턴

| 표를 구매 하고 싶어요. | ➡ | 워야오 마이 피아오.
Wǒ yào mǎi piào.
我要 买 票。 |

- 표를 예약 하고 싶어요. ➡ 워야오 띵 피아오.
  Wǒ yào dìng piào.
  我要 订 票。

- 표를 변경 하고 싶어요. ➡ 워야오 환 피아오.
  Wǒ yào huàn piào.
  换

- 표를 환불 하고 싶어요. ➡ 워야오 투이 피아오.
  Wǒ yào tuì piào.
  退

- 표를 확인 하고 싶어요. ➡ 워야오 차칸 피아오.
  Wǒ yào chákàn piào.
  查看

항공 스케줄을 체크하고 싶을 때 말해보세요.

고대로 써먹는 생존 문장

- 도와주세요.
  ⟶ 칭 빵워 이씨아.
  Qǐng bāng wǒ yíxià.
  请 帮我 一下。

비행기가 지연됐을 때
- 얼마나 기다려야 해요?
  ⟶ 야오 덩 뚜어지우?
  Yào děng duōjiǔ?
  要 等 多久?

모든 수하물이 다 나온 건지 알고 싶을 때
- 다 나온 건가요?
  ⟶ 또우 츄라이러마?
  Dōu chūlai le ma?
  都 出来了吗?

- 부탁드립니다.
  ⟶ 빠이투어러.
  Bàituō le.
  拜托了。

🇨🇳 중국은 차이나

중국에서는 일부 사이트 접속이 불가능해요!

구글, 유튜브, 인스타그램 등의 일부 해외 웹사이트는 중국에서 접속이 차단돼요. 또한 카카오톡 속도가 많이 느려질 수도 있어요. 혹시 모를 상황에 대처할 수 있게 eSIM을 사용하거나 접속을 도와주는 어플을 미리 설치해두세요!

기초회화부터 여행중국어까지!
해커스중국어 무료강의
china.Hackers.com

해커스 여행중국어 10분의 기적

02
거리·역에서

1 길 물어보기
2 택시 타기
3 버스·지하철 타기
4 기차 타기

1 길 물어보기

▲ MP3 바로듣기

지하철역은 어디에 있나요?
띠티에짠 짜이날?

한 단어로 통해요!

이 장소	쩌거 띠팡	这个地方 zhège dìfang		어디	날	哪儿 nǎr
어느 쪽	나거 팡썅	哪个方向 nǎge fāngxiàng		몇 분	지 펀죵	几分钟 jǐ fēnzhōng
지하철역	띠티에짠	地铁站 dìtiězhàn		버스 정거장	꽁찌아오쳐짠	公交车站 gōngjiāochēzhàn
가장 가까운	쭈이찐더	最近的 zuì jìn de		걸어서	조우루	走路 zǒulù

1 위치를 물어볼 때 쓰는 만능 패턴

지하철역 은 어디에 있나요? → **띠티에짠** 짜이날?
Dìtiězhàn zài nǎr?
地铁站 在哪儿?

- **버스 정류장** 은 어디에 있나요? → **꿍찌아오처짠** 짜이날?
  Gōngjiāochēzhàn zài nǎr?
  公交车站 在哪儿?

- **호텔** 은 어디에 있나요? → **지우띠엔** 짜이날?
  Jiǔdiàn zài nǎr?
  酒店

- **쇼핑몰** 은 어디에 있나요? → **꼬우우 쭝씬** 짜이날?
  Gòuwù zhōngxīn zài nǎr?
  购物中心

- **마트** 는 어디에 있나요? → **챠오쓸** 짜이날?
  Chāoshì zài nǎr?
  超市

2 근처에 뭐가 있는지 물어볼 때 쓰는 만능 패턴

↑발음으로 읽어요!

근처에 **카페** 가 있나요? → 푸찐 요우 **카페이팅** 마?
Fùjìn yǒu kāfēitīng ma?
附近 有 咖啡厅 吗?

- 근처에 **화장실** 이 있나요? → 푸찐 요우 **시쇼우찌엔** 마?
  Fùjìn yǒu xǐshǒujiān ma?
  附近 有 洗手间 吗?

- 근처에 **편의점** 이 있나요? → 푸찐 요우 **삐엔리띠엔** 마?
  Fùjìn yǒu biànlìdiàn ma?
  便利店

- 근처에 **헬스장** 이 있나요? → 푸찐 요우 **찌엔션팡** 마?
  Fùjìn yǒu jiànshēnfáng ma?
  健身房

- 근처에 **한식당** 이 있나요? → 푸찐 요우 **한구어 찬팅** 마?
  Fùjìn yǒu Hánguó cāntīng ma?
  韩国餐厅

3 가는 방법을 물어볼 때 쓰는 만능 패턴

공항 은 어떻게 가나요? ➡ **찌챵** 전머조우?
　　　　　　　　　　　　　Jīchǎng zěnme zǒu?
　　　　　　　　　　　　　机场　 怎么走?

- **야시장** 은 어떻게 가나요? ➡ **예쓸** 전머조우?
　　　　　　　　　　　　　　Yèshì zěnme zǒu?
　　　　　　　　　　　　　　夜市　 怎么走?

- **공원** 은 어떻게 가나요? ➡ **꽁위엔** 전머조우?
　　　　　　　　　　　　　　Gōngyuán zěnme zǒu?
　　　　　　　　　　　　　　公园

- **정문** 은 어떻게 가나요? ➡ **쪙먼** 전머조우?
　　　　　　　　　　　　　　Zhèngmén zěnme zǒu?
　　　　　　　　　　　　　　正门

- **여기** 는 어떻게 가나요? ➡ **쪄리** 전머조우?
　　　　　　　　　　　　　　Zhèli zěnme zǒu?
　　　　　　　　　　　　　　这里

> 주소나 지도를 보여주며 말해보세요.

4 원하는 이동 수단이 있을 때 쓰는 만능 패턴

지하철 타고 갈 수 있나요? ➡ **크어이 쭈어 띠티에 취마?**
　　　　　　　　　　　　　　　Kěyǐ　 zuò　 dìtiě　 qù ma?
　　　　　　　　　　　　　　　可以　 坐　 地铁　 去吗?

- **버스** 타고 갈 수 있나요? ➡ 크어이 쭈어 **꽁찌아오처** 취마?
　　　　　　　　　　　　　　 Kěyǐ　 zuò　 gōngjiāochē qù ma?
　　　　　　　　　　　　　　 可以　 坐　 公交车　 去吗?

- **공항버스** 타고 갈 수 있나요? ➡ 크어이 쭈어 **찌챵따빠** 취마?
　　　　　　　　　　　　　　　Kěyǐ　 zuò　 jīchǎng dàbā qù ma?
　　　　　　　　　　　　　　　　　　　　　　机场大巴

- **택시** 타고 갈 수 있나요? ➡ 크어이 쭈어 **츄쭈처** 취마?
　　　　　　　　　　　　　　 Kěyǐ　 zuò　 chūzūchē qù ma?
　　　　　　　　　　　　　　 　　　　　　出租车

고대로 써먹는 생존 문장

- 말씀 좀 여쭐게요. ········> **칭원.**
  Qǐngwèn.
  请问。

- 다시 한 번 말해주세요. ········> **칭 짜이슈어 이삐엔.**
  Qǐng zài shuō yí biàn.
  请 再说 一遍。

- 먼가요? ········> **위엔마?**
  Yuǎn ma?
  远吗?

- 얼마나 걸려요? ········> **야오 뚜어지우?**
  Yào duōjiǔ?
  要 多久?

중국은 차이나

중국에서는 동서남북으로 길을 알려줘요!

특히 베이징은 도시 사제가 성냥형으로 설계되어 있어서, 길을 물어보면 '동쪽으로 쭉 직진하세요', '북쪽으로 100미터 가세요'와 같은 말을 자주 들을 수 있어요. 동서남북을 사용한 도로명도 많으니, 길을 찾을 때는 동서남북을 먼저 파악해보세요.

동: 똥(东, dōng)   서: 씨(西, xī)   남: 난(南, nán)   북: 베이(北, běi)

2 택시 타기

▲ MP3 바로듣기

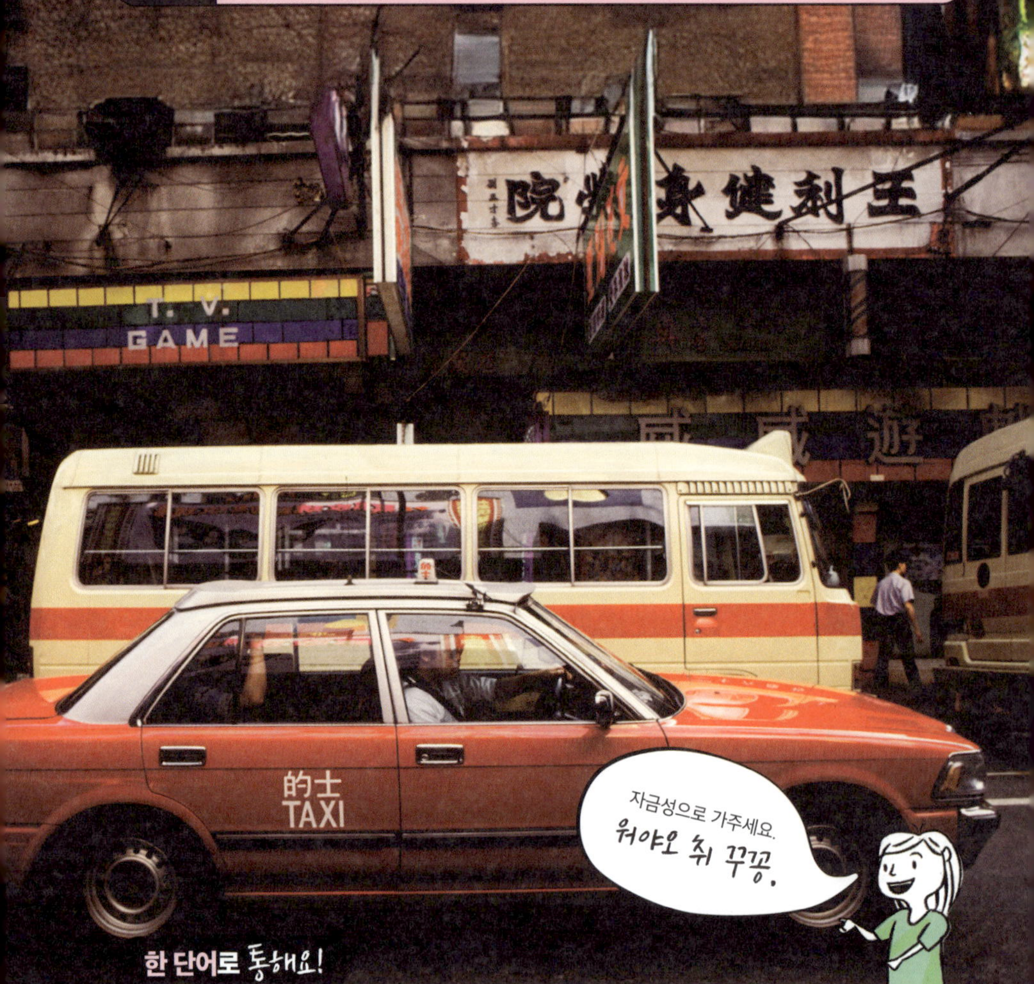

자금성으로 가주세요.
워야오 취 꾸꽁.

한 단어로 통해요!

기사님 쓰푸 师傅 shīfu	여기 쪄리 这里 zhèli
빨리 콰이디알 快点儿 kuài diǎnr	천천히 만디알 慢点儿 màn diǎnr
역, 정류장 짠 站 zhàn	횡단보도 빤마씨엔 斑马线 bānmǎxiàn
영수증 샤오피아오 小票 xiǎopiào	도착 따오러 到了 dàole

1 목적지를 말할 때 쓰는 만능 패턴

자금성으로 가주세요. → 워야오 취 **꾸꽁**.
Wǒ yào qù Gùgōng.
我要 去 故宫。

- **천안문 광장**으로 가주세요. → 워야오 취 **티엔안먼광창**.
  Wǒ yào qù Tiān'ānmén Guǎngchǎng.
  我要 去 天安门广场。

- **동방명주**로 가주세요. → 워야오 취 **똥팡밍쮸**.
  Wǒ yào qù Dōngfāngmíngzhū.
  东方明珠

- **만리장성**으로 가주세요. → 워야오 취 **창청**.
  Wǒ yào qù Chángchéng.
  长城

- **여기**로 가주세요. → 워야오 취 **쪄리**.
  Wǒ yào qù zhèli.
  这里

주소나 지도를 보여주며 말해보세요.

2 요구 사항이 있을 때 쓰는 만능 패턴

빨리 가 주실 수 있나요? → 크어이 **콰이디알** 마?
Kěyǐ kuài diǎnr ma?
可以 快点儿 吗?

- **에어컨을 틀어** 주실 수 있나요? → 크어이 **카이 콩티아오** 마?
  Kěyǐ kāi kōngtiáo ma?
  可以 开空调 吗?

- **히터를 틀어** 주실 수 있나요? → 크어이 **카이 놘치** 마?
  Kěyǐ kāi nuǎnqì ma?
  开暖气

- **트렁크를 열어** 주실 수 있나요? → 크어이 **카이 호우뻬이썅** 마?
  Kěyǐ kāi hòubèixiāng ma?
  开后备箱

- **소리를 줄여** 주실 수 있나요? → 크어이 **샤오썽디알** 마?
  Kěyǐ xiǎoshēng diǎnr ma?
  小声点儿

2 택시 타기

3 차를 세워달라고 말할 때 쓰는 만능 패턴

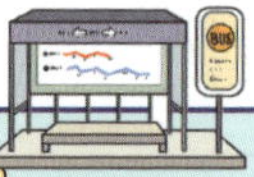

| 호텔 입구 에 세워주세요. | ➡ | 짜이 지우띠엔 먼코우 팅이씨아.
Zài jiǔdiàn ménkǒu tíng yíxià.
在 酒店门口 停一下。 |

- 앞쪽 에 세워주세요. ➡ 짜이 치엔미엔 팅이씨아.
  Zài qiánmian tíng yíxià.
  在 前面 停一下。

- 지하철역 에 세워주세요. ➡ 짜이 띠티에짠 팅이씨아.
  Zài dìtiězhàn tíng yíxià.
  地铁站

- 버스 정류장 에 세워주세요. ➡ 짜이 꽁찌아오쳐짠 팅이씨아.
  Zài gōngjiāochēzhàn tíng yíxià.
  公交车站

- 여기 에 세워주세요. ➡ 짜이 쪄리 팅이씨아.
  Zài zhèli tíng yíxià.
  这里

4 결제할 때 쓰는 만능 패턴

| 카드 로 해도 되나요? | ➡ | 크어이 용 씬용카 마?
Kěyǐ yòng xìnyòngkǎ ma?
可以 用 信用卡 吗？ |

- 알리페이 로 해도 되나요? ➡ 크어이 용 쯜푸바오 마?
  Kěyǐ yòng Zhīfùbǎo ma?
  可以 用 支付宝 吗？

- 위챗페이 로 해도 되나요? ➡ 크어이 용 웨이씬 마?
  Kěyǐ yòng Wēixìn ma?
  微信

- 현금 으로 해도 되나요? ➡ 크어이 용 씨엔찐 마?
  Kěyǐ yòng xiànjīn ma?
  现金

고대로 써먹는 생존 문장

- 많이 막히나요? ·······> **헌두마?**
  Hěn dǔ ma?
  很堵吗?

- 얼마예요? ·······> **뚜어샤오치엔?**
  Duōshao qián?
  多少钱?

  결제가 제대로 됐는지 확인하고 싶을 때
- 잘 됐나요? ·······> **하오러마?**
  Hǎo le ma?
  好了吗?

- 잔돈은 괜찮아요. ·······> **부용 쟈오 링치엔.**
  Búyòng zhǎo língqián.
  不用 找 零钱。

🇨🇳 중국은 차이나

택시를 잡을 때는 '디디추싱'을 이용해보세요!

요즘 중국에서는 '디디추싱'이라는 앱을 통해 택시를 부르는 경우가 대부분이에요. 이 앱을 이용하면 출발지와 도착지 설정에 따라 요금을 미리 알 수 있고, 지도를 보며 제대로 가고 있는지 확인할 수 있어요. 승차 시 본인 확인을 위해 휴대폰 번호 뒤 네 자리를 물어보니 중국어로 미리 알아두세요. [p.132 '한눈에 보는 숫자 표현' 참고]

2 택시 타기 29

3 버스·지하철 타기

▲ MP3 바로듣기

이번 역이 왕푸징역인가요?
쪄이짠 쓸 왕푸징짠마?

한 단어로 통해요!

교통카드	쨔오통카	交通卡 jiāotōngkǎ	지하철표	띠티에피아오 地铁票 dìtiěpiào
성인, 어른	청런	成人 chéngrén	어린이	얼퉁 儿童 értóng
이번 역	쪄이짠	这一站 zhè yí zhàn	다음 역	씨아이짠 下一站 xià yí zhàn
출구	츄코우	出口 chūkǒu	환승	환청 换乘 huànchéng

1 이번 역이 무슨 역인지 확인할 때 쓰는 만능 패턴

이번 역이 [왕푸징] 역인가요? → 쪄이짠 쓸 [왕푸징] 짠마?
Zhè yí zhàn shì Wángfǔjǐng zhàn ma?
这一站 是 王府井 站吗?

- 이번 역이 [인민광장] 역인가요? → 쪄이짠 쓸 [런민광챵] 짠마?
Zhè yí zhàn shì Rénmín Guǎngchǎng zhàn ma?
这一站 是 人民广场 站吗?

- 이번 역이 [난뤄구샹] 역인가요? → 쪄이짠 쓸 [난루어구썅] 짠마?
Zhè yí zhàn shì Nánluógǔxiàng zhàn ma?
南锣鼓巷

- 이번 역이 [예원] 역인가요? → 쪄이짠 쓸 [위위엔] 짠마?
Zhè yí zhàn shì Yùyuán zhàn ma?
豫园

- 이번 역이 [이] 역인가요? → 쪄이짠 쓸 [쩌거] 짠마?
Zhè yí zhàn shì zhège zhàn ma?
这个

※ 노선도를 보여주며 말해보세요.

2 이 차를 타도 되는지 확인할 때 쓰는 만능 패턴

[호텔] 가나요? → 취 [지우띠엔] 마?
Qù jiǔdiàn ma?
去 酒店 吗?

- [공항] 가나요? → 취 [찌챵] 마?
Qù jīchǎng ma?
去 机场 吗?

- [이화원] 가나요? → 취 [이흐어위엔] 마?
Qù Yíhéyuán ma?
颐和园

- [디즈니랜드] 가나요? → 취 [디쓰니] 마?
Qù Díshìní ma?
迪士尼

- [여기] 가나요? → 취 [쪄리] 마?
Qù zhèli ma?
这里

※ 주소나 지도를 보여주며 말해보세요.

3 시설의 위치를 물어볼 때 쓰는 만능 패턴

C 출구 는 어디에 있나요? → **씨 츄코우** **짜이날?**
C chūkǒu zài nǎr?
C出口 在哪儿?

- **화장실** 은 어디에 있나요? → **시쇼우찌엔** 짜이날?
  Xǐshǒujiān zài nǎr?
  洗手间 在哪儿?

- **엘리베이터** 는 어디에 있나요? → **띠엔티** 짜이날?
  Diàntī zài nǎr?
  电梯

- **짐 보관 락커** 는 어디에 있나요? → **찌춘꾸이** 짜이날?
  Jìcún guì zài nǎr?
  寄存柜

- **무인발권기** 는 어디에 있나요? → **쑈우피아오찌** 짜이날? *(교통카드를 구입하고 충전할 수 있는 기계예요.)*
  Shòupiàojī zài nǎr?
  售票机

4 위치를 도저히 못 찾겠을 때 쓰는 만능 패턴

어디에서 **환승하** 나요? → 짜이날 **환청**?
Zài nǎr huànchéng?
在哪儿 换乘?

- 어디에서 **충전하** 나요? → 짜이날 **총즈**?
  Zài nǎr chōngzhí?
  在哪儿 充值?

- 어디에서 **타** 나요? → 짜이날 **쌍쳐**?
  Zài nǎr shàng chē?
  上车

- 어디에 **스캔하** 나요? → 짜이날 **사오**? *(개찰구의 QR코드를 스캔하면서 바로 돈을 구제할 수 있어요.)*
  Zài nǎr sǎo?
  扫

고대로 써먹는 생존 문장

- 실례합니다. / 죄송합니다. ·······▷ **뿌하오이스.**
  Bù hǎo yìsi.
  不好意思。

- 내릴게요. ·······▷ **워야오 씨아쳐.**
  Wǒ yào xià chē.
  我要 下车。

- 밀지마세요. ·······▷ **부야오 투이.**
  Búyào tuī.
  不要 推。

버스, 지하철이 끊긴 건지 물어볼 때
- 끊겼나요? ·······▷ **팅윈러마?**
  Tíngyùnle ma?
  停运了吗?

중국은 차이나

지하철을 타기 전에 짐 검사를 해야 해요!

중국에서는 지하철을 타기 전에 매번 '보안 안전 검사(安检)'를 해야 해요. 공항에서 수하물 검사를 하듯 X-ray 검사대에 모든 소지품을 올려 두고 게이트로 빠져나오면 돼요. 개봉된 물이나 음료를 직접 마셔보라고 하는 경우도 있으니 당황해하지 마세요.

4 기차 타기

▲ MP3 바로듣기

상하이역에 가려고 해요.
워야오 취 쌍하이짠.

한 단어로 통해요!

편도	딴청	单程 dānchéng	왕복 왕판	往返 wǎngfǎn
한 장	이쨩	一张 yì zhāng	두 장 량쨩	两张 liǎng zhāng
플랫폼	쨘타이	站台 zhàntái	도착지 무띠띠	目的地 mùdìdì
내 자리	워더 웨이즈	我的位子 wǒ de wèizi	다음 열차 씨아이거	下一个 xià yí ge

1 가려고 하는 역을 말할 때 쓰는 만능 패턴

상하이 역에 가려고 해요. → 워야오 취 **쌍하이** 쨘.
Wǒ yào qù Shànghǎi zhàn.
我要 去 上海 站。

- **베이징 남** 역에 가려고 해요. → 워야오 취 **베이찡난** 쨘.
Wǒ yào qù Běijīng nán zhàn.
我要 去 北京南 站。

- **톈진** 역에 가려고 해요. → 워야오 취 **티엔찐** 쨘.
Wǒ yào qù Tiānjīn zhàn.
天津

- **항저우 동** 역에 가려고 해요. → 워야오 취 **항쪼우뚱** 쨘.
Wǒ yào qù Hángzhōu dōng zhàn.
杭州东

- **칭다오** 역에 가려고 해요. → 워야오 취 **칭다오** 쨘.
Wǒ yào qù Qīngdǎo zhàn.
青岛

2 원하는 시간의 기차표를 구매할 때 쓰는 만능 패턴

가장 빠른 걸로 주세요. → 워야오 **쭈이콰이** 더.
Wǒ yào zuì kuài de.
我要 最快 的。

- **오후** 걸로 주세요. → 워야오 **씨아우** 더.
Wǒ yào xiàwǔ de.
我要 下午 的。

- **내일 오전** 걸로 주세요. → 워야오 **밍티엔 쌍우** 더.
Wǒ yào míngtiān shàngwǔ de.
明天上午

- **첫차** 걸로 주세요. → 워야오 **쇼우빤쳐** 더.
Wǒ yào shǒubānchē de.
首班车

- **막차** 걸로 주세요. → 워야오 **모빤쳐** 더.
Wǒ yào mòbānchē de.
末班车

3 원하는 표와 좌석을 말할 때 쓰는 만능 패턴

| **편도표** 로 주세요. | ➡ | 워야오 **딴청피아오**.
Wǒ yào dānchéng piào.
我要 单程票。 |

- **왕복표** 로 주세요. ➡ 워야오 **왕판피아오**. *f 받음으로 읽어요!*
  Wǒ yào wǎngfǎn piào.
  我要 往返票。

- **일반석** 으로 주세요. ➡ 워야오 **잉쭈어**.
  Wǒ yào yìngzuò.
  硬座

- **우등석** 으로 주세요. ➡ 워야오 **루안쭈어**.
  Wǒ yào ruǎnzuò.
  软座

- **일반 침대칸** 으로 주세요. ➡ 워야오 **잉워**.
  Wǒ yào yìngwò.
  硬卧

4 표 검사를 받을 때 쓰는 만능 패턴

| 이건 제 **기차표** 예요. | ➡ | 쩌쓰 워더 **처피아오**.
Zhè shì wǒ de chēpiào.
这是 我的 车票。 |

- 이건 제 **여권** 이에요. ➡ 쩌쓰 워더 **후짜오**.
  Zhè shì wǒ de hùzhào.
  这是 我的 护照。

- 이건 제 **예약 정보** 예요. ➡ 쩌쓰 워더 **위띵씬시**.
  Zhè shì wǒ de yùdìng xìnxī.
  预订信息

- 이건 제 **짐** 이에요. ➡ 쩌쓰 워더 **싱리**.
  Zhè shì wǒ de xíngli.
  行李

고대로 써먹는 생존 문장

- 한국인이에요.
  → 워쓸 한구어런.
  Wǒ shì Hánguórén.
  我是 韩国人。

- 이 열차를 타면 되는지 물을 때
  이 기차인가요?
  → 쓸 쪄량쳐마?
  Shì zhè liàng chē ma?
  是 这辆车吗?
  (기차표를 보여주며 물어보세요.)

- 제 자리예요.
  → 쪄쓸 워더 웨이즈.
  Zhè shì wǒ de wèizi.
  这是 我的 位子。

- 비켜주세요.
  → 랑이씨아.
  Ràng yíxià.
  让一下。

중국은 차이나

중국 기차에는 침대칸도 있어요!

3층 침대로 이루어진 일반 침대칸(硬卧)과 더 푹신힌 2층 침대로 이루어진 우등 침대칸(软卧)이 있어요. 요금은 위 칸으로 갈수록 싸지지만, 맨 아래 칸은 암묵적으로 다른 승객과 공유한다는 문화가 있어서 옆에 모르는 사람이 덜컥 앉을 수도 있어요.

4 기차 타기

03

호텔에서

1. 체크인·체크아웃하기
2. 객실 서비스 요청하기
3. 시설·기기 관련 문의하기

1 체크인·체크아웃하기

▲ MP3 바로듣기

체크인할게요.
워야오 주쥬.

한 단어로 통해요!

체크인 **루쥬** 入住 rùzhù		체크아웃 **투이팡** 退房 tuìfáng
지금, 당장 **리지** 立即 lìjí		예약 **위띵** 预订 yùdìng
고층의 **까오청더** 高层的 gāocéng de		룸, 방 **팡찌엔** 房间 fángjiān
룸 키, 방 카드 **팡카** 房卡 fángkǎ		조식 **자오찬** 早餐 zǎocān

1 체크인·체크아웃할 때 쓰는 만능 패턴

| 체크인 할게요. | ➡ | 워야오 루쮸 .
Wǒ yào rùzhù.
我要 入住。 |

- 얼리 체크인 할게요. ➡ 워야오 티치엔 루쮸 .
  Wǒ yào tíqián rùzhù.
  我要 提前入住。

  발음으로 읽어요!

- 체크아웃 할게요. ➡ 워야오 투이팡 .
  Wǒ yào tuìfáng.
  退房

- 지금 체크아웃 할게요. ➡ 워야오 리지 투이팡 .
  Wǒ yào lìjí tuìfáng.
  立即退房

- 레이트 체크아웃 할게요. ➡ 워야오 옌츨 투이팡 .
  Wǒ yào yánchí tuìfáng.
  延迟退房

2 예약한 룸의 종류를 말할 때 쓰는 만능 패턴

| 트윈룸 예약했어요. | ➡ | 워 위띵러 쓔앙츄앙팡 .
Wǒ yùdìngle shuāngchuángfáng.
我 预订了 双床房。 |

- 더블룸 예약했어요. ➡ 워 위띵러 따츄앙팡 .
  Wǒ yùdìngle dàchuángfáng.
  我 预订了 大床房。

- 스위트룸 예약했어요. ➡ 워 위띵러 타오팡 .
  Wǒ yùdìngle tàofáng.
  套房

- 비즈니스룸 예약했어요. ➡ 워 위띵러 쌍우팡 .
  Wǒ yùdìngle shāngwùfáng.
  商务房

- 3인실 예약했어요. ➡ 워 위띵러 싼런찌엔 .
  Wǒ yùdìngle sānrénjiān.
  三人间

3 원하는 룸 타입이 있을 때 쓰는 만능 패턴

오션뷰 룸으로 주세요. → 워야오 **하이징** 팡.
Wǒ yào hǎijǐng fáng.
我要 海景 房。

- **씨티뷰** 룸으로 주세요. → 워야오 **청징** 팡.
  Wǒ yào chéngjǐng fáng.
  我要 城景 房。

- **마운틴뷰** 룸으로 주세요. → 워야오 **싼징** 팡.
  Wǒ yào shānjǐng fáng.
  山景

- **리버뷰** 룸으로 주세요. → 워야오 **쨩징** 팡.
  Wǒ yào jiāngjǐng fáng.
  江景

- **금연** 룸으로 주세요. → 워야오 **우옌** 팡.
  Wǒ yào wúyān fáng.
  无烟

4 요구 사항을 말할 때 쓰는 만능 패턴

짐을 보관할 수 있나요? → 크어이 **찌춘 싱리** 마?
Kěyǐ jìcún xíngli ma?
可以 寄存行李 吗?

- **짐을 옮겨 주실** 수 있나요? → 크어이 **빵워 빤 싱리** 마?
  Kěyǐ bāng wǒ bān xíngli ma?
  可以 帮我搬行李 吗?

- **침대를 추가할** 수 있나요? → 크어이 **찌아 츄앙** 마?
  Kěyǐ jiā chuáng ma?
  加床

- **룸을 업그레이드할** 수 있나요? → 크어이 **썽 팡** 마?
  Kěyǐ shēng fáng ma?
  升房 *f발음으로 읽어요!*

- **아기 침대를 빌릴** 수 있나요? → 크어이 **찌에용 잉얼츄앙** 마?
  Kěyǐ jièyòng yīng'érchuáng ma?
  借用婴儿床

고대로 써먹는 생존 문장

예약 확인서를 보여주며
- **예약했어요.** → **워 위띵러.**
  Wǒ yùdìngle.
  我 预订了。

- **보증금은 얼마예요?** → **야찐 뚜어샤오치엔?**
  Yājīn duōshao qián?
  押金 多少钱?

  중국 호텔에서는 보증금을 내야 해요.

- **조식은 포함인가요?** → **빠오쿠어 자오찬마?**
  Bāokuò zǎocān ma?
  包括 早餐吗?

- **체크아웃은 몇 시예요?** → **투이팡 슬찌엔쓸 션머슬호우?**
  Tuìfáng shíjiān shì shénme shíhou?
  退房 时间是 什么时候?

중국은 차이나

중국에 가면 호텔에서 숙박하세요!

중국에 입국한 모든 외국인은 24시간 이내에 공안에 거수 신고를 해야 하는데, 호텔이 거주 신고를 대신해주기 때문에 외국인은 호텔을 이용하는 것이 좋아요. 다만 일부 호텔은 외국인 투숙을 허용하지 않고 있으니, 호텔을 예약할 때는 항상 외국인도 투숙이 가능한지 확인하세요.

1 체크인·체크아웃하기 43

2. 객실 서비스 요청하기

▲ MP3 바로듣기

수건 더 가져다주세요.
짜이게이워 이씨에 마오찐.

한 단어로 통해요!

수건	**마오찐** 毛巾 máojīn	티슈	**웨이썽즐** 卫生纸 wèishēngzhǐ
샴푸	**시파슈에이** 洗发水 xǐfàshuǐ	린스	**후파쑤** 护发素 hùfàsù
칫솔	**야슈아** 牙刷 yáshuā	치약	**야까오** 牙膏 yágāo
많이	**뚜어** 多 duō	룸 서비스	**쏭찬 푸우** 送餐服务 sòngcān fúwù

1 용품을 더 요청할 때 쓰는 만능 패턴

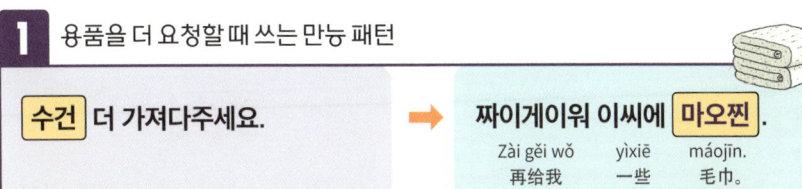

수건 더 가져다주세요.	→	짜이게이워 이씨에 마오찐.
		Zài gěi wǒ yìxiē máojīn.
		再给我 一些 毛巾。

- 목욕 타월 더 가져다주세요. → 짜이게이워 이씨에 위찐.
  Zài gěi wǒ yìxiē yùjīn.
  再给我 一些 浴巾。

- 티슈 더 가져다주세요. → 짜이게이워 이씨에 웨이썽즐.
  Zài gěi wǒ yìxiē wèishēngzhǐ.
  卫生纸

- 생수 더 가져다주세요. → 짜이게이워 이씨에 쾅취엔슈에이.
  Zài gěi wǒ yìxiē kuàngquánshuǐ.
  矿泉水

- 옷걸이 더 가져다주세요. → 짜이게이워 이씨에 이찌아.
  Zài gěi wǒ yìxiē yījiā.
  衣架

2 필요한 용품이 있을 때 쓰는 만능 패턴

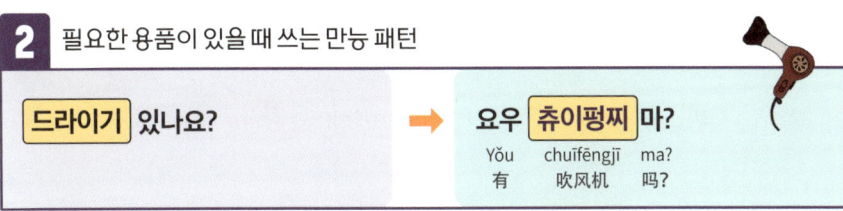

드라이기 있나요?	→	요우 츄이펑찌 마?
		Yǒu chuīfēngjī ma?
		有 吹风机 吗?

- 멀티탭 있나요? → 요우 챠파이 마?
  Yǒu chāpái ma?
  有 插排 吗?

- 충전기 있나요? → 요우 총띠엔치 마?
  Yǒu chōngdiànqì ma?
  充电器

- 면도기 있나요? → 요우 티쒸따오 마?
  Yǒu tìxūdāo ma?
  剃须刀

- 빗 있나요? → 요우 쓔즈 마?
  Yǒu shūzi ma?
  梳子

3 교체를 요청할 때 쓰는 만능 패턴

| 베개 를 교체해주실 수 있나요? | ➡ | 크어이 환 전토우 마?
Kěyǐ huàn zhěntou ma?
可以 换 枕头 吗? |

- 침대 시트 를 교체해주실 수 있나요? ➡ 크어이 환 츄앙딴 마?
  Kěyǐ huàn chuángdān ma?
  可以 换 床单 吗?

- 이불 을 교체해주실 수 있나요? ➡ 크어이 환 뻬이즈 마?
  Kěyǐ huàn bèizi ma?
  被子

- 물컵 을 교체해주실 수 있나요? ➡ 크어이 환 슈에이뻬이 마?
  Kěyǐ huàn shuǐbēi ma?
  水杯

- 전기 포트 를 교체해주실 수 있나요? ➡ 크어이 환 띠엔르어 슈에이후 마?
  Kěyǐ huàn diànrèshuǐhú ma?
  电热水壶

4 서비스를 신청할 때 쓰는 만능 패턴

| 콜택시 서비스를 원해요. | ➡ | 워야오 찌아오쳐 푸우.
Wǒ yào jiào chē fúwù.
我要 叫车 服务。 |

- 공항 픽업 서비스를 원해요. ➡ 워야오 찌에찌 푸우.
  Wǒ yào jiējī fúwù.
  我要 接机 服务。

- 공항 샌딩 서비스를 원해요. ➡ 워야오 쏭찌 푸우.
  Wǒ yào sòngjī fúwù.
  送机

- 룸 딜리버리 서비스를 원해요. ➡ 워야오 쏭찬 푸우.
  Wǒ yào sòng cān fúwù.
  送餐

- 모닝콜 서비스를 원해요. ➡ 워야오 찌아오싱 푸우.
  Wǒ yào jiàoxǐng fúwù.
  叫醒

고대로 써먹는 생존 문장

- 누구세요?
  → 셰이아?
  Shéi a?
  谁啊?

나중에 청소해주기를 원할 때
- 나중에 다시 와주세요.
  → 이훨 짜이라이바.
  Yíhuìr zài lái ba.
  一会儿 再来吧。

  발음으로 읽어요!

- 옆방이 너무 시끄러워요.
  → 그어삐 팡찌엔 타이챠오러.
  Gébì fángjiān tài chǎo le.
  隔壁 房间 太吵了。

- 룸 키를 잃어버렸어요.
  → 워 농띠우러 팡카.
  Wǒ nòngdiū le fángkǎ.
  我 弄丢了 房卡。

중국은 차이나

중국 호텔에서는 보증금을 내야 해요!

투숙 보증금은 보통 하루치 숙박 요금이거나 그보다 조금 더 많을 수 있지만, 말 그대로 보증금이기 때문에 퇴실 시 문제가 없다면 돌려받을 수 있어요. 대신 보증금을 돌려받기 위해서는 보증금을 낼 때 받았던 영수증을 제시해야 하니, 영수증을 잘 챙겨두세요.

3 시설·기기 관련 문의하기

▲ MP3 바로듣기

말풍선: 수영장은 몇 시에 오픈해요? / 요우용츨 지디엔 카이먼?

한 단어로 통해요!

조식	자오찬	早餐 zǎocān		몇 층	지로우	几楼 jǐ lóu	
몇 시부터	총 지디엔	从几点 cóng jǐ diǎn		몇 시까지	따오 지디엔	到几点 dào jǐ diǎn	
와이파이	와이파이	Wi-Fi Wi-Fi		비밀번호	미마	密码 mìmǎ	
사용	슬용	使用 shǐyòng		고장	화이러	坏了 huài le	

1 오픈 시간을 물어볼 때 쓰는 만능 패턴

수영장은 몇 시에 오픈해요? ➡ **요우용츨** 지디엔 카이먼?
　　　　　　　　　　　　　　　Yóuyǒngchí　jǐ diǎn　kāimén?
　　　　　　　　　　　　　　　游泳池　　　几点　　开门?

- **조식 뷔페**는 몇 시에 오픈해요? ➡ **쯔쥬자오찬** 지디엔 카이먼?
　　　　　　　　　　　　　　　　Zìzhù zǎocān　jǐ diǎn　kāimén?
　　　　　　　　　　　　　　　　自助早餐　　几点　　开门?

- **헬스장**은 몇 시에 오픈해요? ➡ **찌엔션팡** 지디엔 카이먼?
　　　　　　　　　　　　　　　Jiànshēnfáng　jǐ diǎn　kāimén?
　　　　　　　　　　　　　　　健身房

- **스파**는 몇 시에 오픈해요? ➡ **스파** 지디엔 카이먼?
　　　　　　　　　　　　　　SPA　jǐ diǎn　kāimén?
　　　　　　　　　　　　　　SPA

- **레스토랑**은 몇 시에 오픈해요? ➡ **찬팅** 지디엔 카이먼?
　　　　　　　　　　　　　　　Cāntīng　jǐ diǎn　kāimén?
　　　　　　　　　　　　　　　餐厅

2 마감 시간을 물어볼 때 쓰는 만능 패턴

수영장은 몇 시에 마감해요? ➡ **요우용츨** 지디엔 꽌먼?
　　　　　　　　　　　　　　　Yóuyǒngchí　jǐ diǎn　guānmén?
　　　　　　　　　　　　　　　自助早餐　　几点　　关门?

- **조식 뷔페**는 몇 시에 마감해요? ➡ **쯔쥬자오찬** 지디엔 꽌먼?
　　　　　　　　　　　　　　　　Zìzhù zǎocān　jǐ diǎn　guānmén?
　　　　　　　　　　　　　　　　游泳池　　　几点　　关门?

- **헬스장**은 몇 시에 마감해요? ➡ **찌엔션팡** 지디엔 꽌먼?
　　　　　　　　　　　　　　　Jiànshēnfáng　jǐ diǎn　guānmén?
　　　　　　　　　　　　　　　健身房

- **스파**는 몇 시에 마감해요? ➡ **스파** 지디엔 꽌먼?
　　　　　　　　　　　　　　SPA　jǐ diǎn　guānmén?
　　　　　　　　　　　　　　SPA

- **레스토랑**은 몇 시에 마감해요? ➡ **찬팅** 지디엔 꽌먼?
　　　　　　　　　　　　　　　Cāntīng　jǐ diǎn　guānmén?
　　　　　　　　　　　　　　　餐厅

3 시설·기기 관련 문의하기　49

3 사용법을 물어볼 때 쓰는 만능 패턴

와이파이 를 어떻게 사용하나요? → **와이파이** 전머용?
Wi-Fi zěnme yòng?
Wi-Fi 怎么用?

- **에어컨** 을 어떻게 사용하나요? → **콩티아오** 전머용?
  Kōngtiáo zěnme yòng?
  空调 怎么用?

- **히터** 를 어떻게 사용하나요? → **놘치** 전머용?
  Nuǎnqì zěnme yòng?
  暖气

- **리모콘** 을 어떻게 사용하나요? → **야오콩치** 전머용?
  Yáokòngqì zěnme yòng?
  遥控器

- **금고** 를 어떻게 사용하나요? → **바오시엔꾸이** 전머용?
  Bǎoxiǎnguì zěnme yòng?
  保险柜

4 불편 사항을 전달할 때 쓰는 만능 패턴

전등이 고장났어 요. → **띠엔떵 화이** 러.
Diàndēng huài le.
电灯坏 了。

- **변기가 막혔어** 요. → **마통 두쮸** 러.
  Mǎtǒng dǔzhù le.
  马桶堵住 了。

- **하수구가 막혔어** 요. → **씨아슈에이따오 두쮸** 러.
  Xiàshuǐdào dǔzhù le.
  下水道堵住

- **온수가 안 나와** 요. → **뿌츄 르어슈에이** 러.
  Bù chū rè shuǐ le.
  不出热水

- **담배 냄새가 너무 심해** 요. → **옌월 타이쫑** 러.
  Yānwèir tài zhòng le.
  烟味儿太重

고대로 써먹는 생존 문장

사용법을 알려줬을 때
- 이해했어요. ········▷ **밍바이러.**
  Míngbái le.
  明白了。

- 수리해주세요. ········▷ **씨우리이씨아.**
  Xiūlǐ yíxià.
  修理一下。

- 빨리 부탁드려요. ········▷ **칭 콰이디알.**
  Qǐng kuài diǎnr.
  请 快点儿。

- 룸 바꿔주세요. ········▷ **칭 환이씨아 팡찌엔.** ← f발음으로 읽어요!
  Qǐng huàn yíxià fángjiān.
  请 换一下 房间。

중국은 차이나

아침으로 길거리 음식을 추천해요!

아침에 거리로 나가 보면 중국식 만두인 빠오쯔(包子), 종잇장처럼 얇은 반죽으로 만든 전병인 찌엔빙(煎饼) 등을 파는 노점상을 많이 볼 수 있어요. KFC에도 중국에서만 파는 죽(粥)과 요우티아오(油条)가 포함된 모닝세트가 있으니, 호텔 조식뿐만 아니라 다양한 음식을 즐겨보세요.

해커스 여행중국어 10분의 기적

04
음식점·카페에서

1. 자리 잡기
2. 음식 주문하기
3. 마라탕·훠궈 주문하기
4. 햄버거 주문하기
5. 커피·티 주문하기
6. 술 주문하기
7. 추가 요청하기
8. 컴플레인하기
9. 계산하기

1 자리 잡기

▲ MP3 바로듣기

한 명이요.
이거런.

한 단어로 통해요!

빈자리 **콩웨이** 空位 kòngwèi		한 명, 혼자 **이거런** 一个人 yí ge rén	
예약 **위띵** 预订 yùdìng		대기 **덩따이** 等待 děngdài	
안쪽 **리미엔** 里面 lǐmian		창가 쪽 **카오츄앙** 靠窗 kàochuāng	
룸 **빠오찌엔** 包间 bāojiān		아기 의자 **잉얼이** 婴儿椅 yīng'éryǐ	

1 인원 수를 말할 때 쓰는 만능 패턴

| 한 명이요. | ➡ | 이 거런.
Yí ge rén.
一 个人。 |

- 두 명이요. ➡ 량 거런.
  Liǎng ge rén.
  两 个人。

- 세 명이요. ➡ 싼 거런.
  Sān ge rén.
  三

- 네 명이요. ➡ 쓰 거런.
  Sì ge rén.
  四

- 다섯 명이요. ➡ 우 거런.
  Wǔ ge rén.
  五

2 대기해야 하는지 물어볼 때 쓰는 만능 패턴

| 기다려 야 하나요? | ➡ | 쉬야오 덩 마?
Xūyào děng ma?
需要 等 吗? |

- 줄을 서 야 하나요? ➡ 쉬야오 파이뚜이 마?
  Xūyào páiduì ma?
  需要 排队 吗?

- 번호를 받아 야 하나요? ➡ 쉬야오 취하오 마?
  Xūyào qǔhào ma?
  取号

- QR코드를 스캔해 야 하나요? ➡ 쉬야오 사오마 마?   *대기표를 QR코드로 받는 곳도 있어요.*
  Xūyào sǎo mǎ ma?
  扫码

- 연락처를 남겨 야 하나요? ➡ 쉬야오 리우 리엔씨팡쓸 마?
  Xūyào liú liánxì fāngshì ma?
  留联系方式

3 원하는 자리에 앉아도 되는지 물어볼 때 쓰는 만능 패턴

밖 에 앉아도 되나요? ➡ 크어이 쭈어 **와이미엔** 마?
Kěyǐ zuò wàimian ma?
可以 坐 外面 吗?

- **안쪽** 에 앉아도 되나요? ➡ 크어이 쭈어 **리미엔** 마?
  Kěyǐ zuò lǐmian ma?
  可以 坐 里面 吗?

- **창가 쪽** 에 앉아도 되나요? ➡ 크어이 쭈어 **츄앙비엔** 마?
  Kěyǐ zuò chuāng biān ma?
  窗边

- **바 테이블** 에 앉아도 되나요? ➡ 크어이 쭈어 **빠타이** 마?
  Kěyǐ zuò bātái ma?
  吧台

- **저기** 에 앉아도 되나요? ➡ 크어이 쭈어 **나리** 마?
  Kěyǐ zuò nàli ma?
  那里

4 지금 영업하는지 물어볼 때 쓰는 만능 패턴

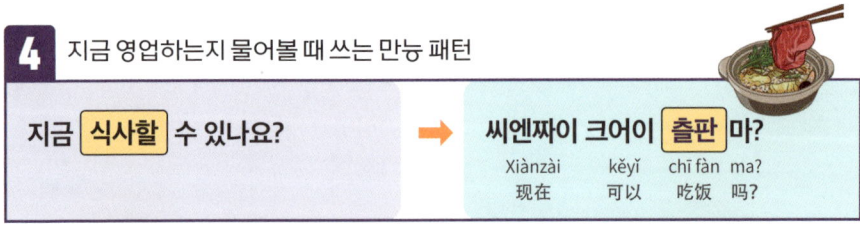

지금 식사할 수 있나요? ➡ 씨엔짜이 크어이 **츨판** 마?
Xiànzài kěyǐ chī fàn ma?
现在 可以 吃饭 吗?

- 지금 **주문할** 수 있나요? ➡ 씨엔짜이 크어이 **디엔찬** 마?
  Xiànzài kěyǐ diǎncān ma?
  现在 可以 点餐 吗?

- 지금 **포장할** 수 있나요? ➡ 씨엔짜이 크어이 **다빠오** 마?
  Xiànzài kěyǐ dǎbāo ma?
  打包

- 지금 **들어갈** 수 있나요? ➡ 씨엔짜이 크어이 **찐취** 마?
  Xiànzài kěyǐ jìnqu ma?
  进去

고대로 써먹는 생존 문장

- 자리 있어요?
  → 요우 웨이즈마?
  Yǒu wèizi ma?
  有 位子吗?

- 얼마나 기다려야 해요?
  → 야오 덩 뚜어지우?
  Yào děng duōjiǔ?
  要 等 多久?

본인 차례까지 얼마나 남았는지 궁금할 때
- 앞에 몇 명 있어요?
  → 치엔미엔 요우 뚜오샤오런?
  Qiánmian yǒu duōshao rén?
  前面 有 多少人?

- 예약했어요.
  → 워 위띵러.
  Wǒ yùdìng le.
  我 预订了。

중국은 차이나

중국 사람들은 찬물보다 뜨거운 물을 선호해요!

중국 사람들은 찬물이 몸에 좋지 않다고 생각해서, 대부분의 식당에서는 계절과 상관없이 뜨거운 물을 제공해요. 하지만 요즘에는 여름철에 찬물을 내놓는 식당도 늘어나고 있어요. 또한 차를 즐겨 마시는 중국의 문화에 따라 뜨거운 찻물을 제공하는 곳도 많아요.

2 음식 주문하기

▲ MP3 바로듣기

소룡포 주세요.
워야오 샤오룽빠오.

한 단어로 통해요!

메뉴판 **차이딴** 菜单 càidān	1인분 **이펀** 一份 yí fèn
공깃밥 **미판** 米饭 mǐfàn	이거 **쩌거** 这个 zhège
세트 메뉴 **타오찬** 套餐 tàocān	물 **슈에이** 水 shuǐ
추천 **투이찌엔** 推荐 tuījiàn	포장 **다빠오** 打包 dǎbāo

1 주문할 때 쓰는 만능 패턴

| 소롱포 주세요. | → | 워야오 샤오롱빠오.
Wǒ yào xiǎolóngbāo.
我要 小笼包。 |

- 동파육 주세요. → 워야오 똥포어러우.
  Wǒ yào dōngpōròu.
  我要 东坡肉。

- 꿔바로우 주세요. → 워야오 꾸어바오러우.
  Wǒ yào guōbāoròu.
  锅包肉

- 양꼬치 주세요. → 워야오 양러우츄알.
  Wǒ yào yángròuchuànr.
  羊肉串儿

- 볶음밥 주세요. → 워야오 챠오판.
  Wǒ yào chǎofàn.
  炒饭

2 얼마나 주문할지 말할 때 쓰는 만능 패턴

| 1인분 주세요. | → | 워야오 이펀.
Wǒ yào yí fèn.
我要 一份。 |

- 2인분 주세요. → 워야오 량펀.
  Wǒ yào liǎng fèn.
  我要 两份。

- 한 개 주세요. → 워야오 이거.
  Wǒ yào yí ge.
  一个

- 한 그릇 주세요. → 워야오 이완.
  Wǒ yào yì wǎn.
  一碗

- 한 접시 주세요. → 워야오 이판.
  Wǒ yào yì pán.
  一盘

3 메뉴를 추천 받고 싶을 때 쓰는 만능 패턴

가장 유명한 요리가 뭐예요?	→	쭈이요우밍 더 차이 쓸션머?
		Zuì yǒumíng de cài shì shénme?
		最有名 的 菜 是什么?

- 가장 맛있는 요리가 뭐예요? → 쭈이하오츨 더 차이 쓸션머?
  Zuì hǎochī de cài shì shénme?
  最好吃 的 菜 是什么?

- 추천하는 요리가 뭐예요? → 니 투이찌엔 더 차이 쓸션머?
  Nǐ tuījiàn de cài shì shénme?
  你推荐

- 저들이 시킨 요리가 뭐예요? → 타먼 디엔 더 차이 쓸션머?
  Tāmen diǎn de cài shì shénme?
  他们点

- 고기가 들어가지 않은 요리가 뭐예요? → 부팡 러우 더 차이 쓸션머?
  Bú fàng ròu de cài shì shénme?
  不放肉

4 맛이 어떤지 물어볼 때 쓰는 만능 패턴

매운 가요?	→	헌 라 마?
		Hěn là ma?
		很 辣 吗?

- 짠 가요? → 헌 시엔 마?
  Hěn xián ma?
  很 咸 吗?

- 단 가요? → 헌 티엔 마?
  Hěn tián ma?
  甜

- 기름진 가요? → 헌 요우니 마?
  Hěn yóunì ma?
  油腻

- 신 가요? → 헌 쑤안 마?
  Hěn suān ma?
  酸

고대로 써먹는 생존 문장

종업원을 부를 때
● 저기요. ·······▷ **푸우위엔.**
　　　　　　　　　Fúwùyuán.
　　　　　　　　　服务员。

● 주문이요. ·······▷ **디엔찬.**
　　　　　　　　　Diǎncān.
　　　　　　　　　点餐。

● 고수는 빼주세요. ·······▷ **부야오 팡 쌩차이.** (f발음으로 읽어요!)
　　　　　　　　　Búyào fàng xiāngcài.
　　　　　　　　　不要　放　香菜。

● 알레르기가 있어요. ·······▷ **워후이 꾸어민.**
　　　　　　　　　Wǒ huì guòmǐn.
　　　　　　　　　我会 过敏。

🇨🇳 중국은 차이나

중국 음식은 이것만 알면 주문이 쉬워져요!

다음은 중국에서 자주 사용되는 요리 종류나 조리 방식 등을 나타내는 단어로 메뉴판에서 자주 볼 수 있어요.

• 요리 종류를 나타내는 단어

밥	면	탕	죽	전병	떡, 케이크
판(饭, fàn)	미엔(面, miàn)	탕(汤, tāng)	쩌우(粥, zhōu)	빙(饼, bǐng)	까오(糕, gāo)

• 조리 방식을 나타내는 단어

볶다	조리다	굽다	튀기다	찌다	삶다
챠오(炒, chǎo)	샤오(烧, shāo)	카오(烤, kǎo)	쟈(炸, zhá)	쩡(蒸, zhēng)	쥬(煮, zhǔ)

• 주재료를 나타내는 단어

소고기	돼지고기	닭고기	양고기	생선	버섯
니우(牛, niú)	쮸(猪, zhū)	찌(鸡, jī)	양(羊, yáng)	위(鱼, yú)	꾸(菇, gū)

3 마라탕·훠궈 주문하기

▲ MP3 바로듣기

약간 매운 맛으로 주세요.
워야오 웨이라더.

한 단어로 통해요!

마라탕	마라탕	麻辣烫 málàtàng
마라샹궈	마라썅꾸어	麻辣香锅 málàxiāngguō
고기	러우	肉 ròu
소스	티아오랴오	调料 tiáoliào

훠궈	후어꾸어	火锅 huǒguō
얼얼하고 매운 맛	마라	麻辣 málà
육수	탕	汤 tāng
추가	찌아	加 jiā

1 마라탕의 맵기 정도를 정할 때 쓰는 만능 패턴

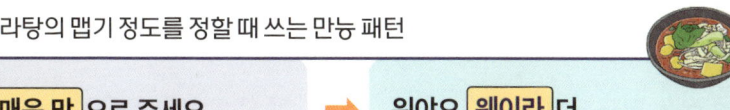

약간 매운 맛 으로 주세요. ➡ 워야오 **웨이라** 더.
Wǒ yào wēi là de.
我要 微辣 的。

- **매운 맛** 으로 주세요. ➡ 워야오 **쭝라** 더.
Wǒ yào zhōng là de.
我要 中辣 的。

- **아주 매운 맛** 으로 주세요. ➡ 워야오 **트어라** 더.
Wǒ yào tè là de.
特辣

- **가장 매운 맛** 으로 주세요. ➡ 워야오 **쭈이라** 더.
Wǒ yào zuì là de.
最辣

- **순한 맛** 으로 주세요. ➡ 워야오 **부라** 더.
Wǒ yào bú là de.
不辣

2 훠궈 베이스를 정할 때 쓰는 만능 패턴

반반 탕 으로 주세요. ➡ 워야오 **위엔양꾸어** .
Wǒ yào yuānyāng guō.
我要 鸳鸯锅。

- **백탕** 으로 주세요. ➡ 워야오 **칭탕** .
Wǒ yào qīngtāng.
我要 清汤。

- **홍탕** 으로 주세요. ➡ 워야오 **홍탕** .
Wǒ yào hóngtāng.
红汤

- **버섯탕** 으로 주세요. ➡ 워야오 **쮠탕** . *(얼큰한 국물로 보통 내장탕이에요.)*
Wǒ yào jūntāng.
菌汤

- **토마토탕** 으로 주세요. ➡ 워야오 **씨홍쓸탕** .
Wǒ yào xīhóngshì tāng.
西红柿汤

3 마라탕·훠궈 주문하기

3 셀프인지 물어볼 때 쓰는 만능 패턴

소스 는 직접 가지고 오나요? → **티아오랴오** 쯔지 나마?
Tiáoliào zìjǐ ná ma?
调料 自己 拿吗?

- **식재료** 는 직접 가지고 오나요? → **페이차이** 쯔지 나마? *(메인 요리에 들어가는 채소, 버섯 등을 가리켜요.)*
  Pèicài zìjǐ ná ma?
  配菜 自己 拿吗?

- **육수** 는 직접 가지고 오나요? → **탕** 쯔지 나마?
  Tāng zìjǐ ná ma?
  汤

- **밥** 은 직접 가지고 오나요? → **미판** 쯔지 나마?
  Mǐfàn zìjǐ ná ma?
  米饭

- **물** 은 직접 가지고 오나요? → **슈에이** 쯔지 나마?
  Shuǐ zìjǐ ná ma?
  水

4 필요한 물건이 있을 때 쓰는 만능 패턴

국자 있나요? → 요우 **탕샤오** 마?
Yǒu tāngsháo ma?
有 汤勺 吗?

- **집게** 있나요? → 요우 **찌아즈** 마?
  Yǒu jiāzi ma?
  有 夹子 吗?

- **작은 접시** 있나요? → 요우 **샤오디에즈** 마?
  Yǒu xiǎo diézi ma?
  小碟子

- **앞치마** 있나요? → 요우 **웨이췬** 마?
  Yǒu wéiqún ma?
  围裙

- **일회용 장갑** 있나요? → 요우 **이츠씽 쇼우타오** 마?
  Yǒu yí cì xìng shǒutào ma?
  一次性手套

고대로 써먹는 생존 문장

주문한 양이 적당한지 알고 싶을 때
- 충분한가요?

········> 쪄양 디엔 꼬우마?
Zhèyàng diǎn gòu ma?
这样 点 够吗?

- 오래 걸리나요?

········> 야오 덩 헌지우마?
Yào děng hěn jiǔ ma?
要 等 很久吗?

- 너무 얼얼하지 않게 해주세요.

········> 부야오 타이마.
Búyào tài má.
不要 太麻。

얼얼한 맛을 약하게 하고 싶을 때 말해보세요.

셀프바에 음식이 다 떨어졌을 때
- 이거 떨어졌어요.

········> 쪄거 메이요우러.
Zhège méiyǒu le.
这个 没有了。

중국은 차이나

중국에 마라 맛 음식은 많고도 많아요!

마라탕, 훠궈와 함께 잘 알려진 미라샹궈(麻辣香锅) 외에도 다양한 마라 맛 음식이 있어요. 그중 하나는 마라빤(麻辣拌)인데, 마라샹궈가 볶음 요리라면 마라빤은 마라 소스에 버무려져 나오는 요리예요. 또 마라촨(麻辣串)은 마라탕 육수에 꼬치 형태로 들어간 식재료를 하나씩 꺼내 먹는 음식이에요. 한국의 어묵 꼬치와 비슷해요.

4 햄버거 주문하기

▲ MP3 바로듣기

빅맥 세트 주세요.
워야오 쮜우빠 타오찬.

한 단어로 통해요!

햄버거	한바오	汉堡 hànbǎo		치킨	쟈찌	炸鸡 zhájī
세트	타오찬	套餐 tàocān		단품	딴핀	单品 dānpǐn
감자튀김	슈티아오	薯条 shǔtiáo		리필	쒸뻬이	续杯 xù bēi
콜라	크어러	可乐 kělè		제로콜라	링뚜크어러	零度可乐 língdù kělè

1 세트 메뉴를 주문할 때 쓰는 만능 패턴

빅맥 세트 주세요. → 워야오 **쮜우빠** 타오찬.
Wǒ yào jùwúbà tàocān.
我要 巨无霸 套餐。

- **와퍼** 세트 주세요. → 워야오 **황바오** 타오찬.
  Wǒ yào huángbāo tàocān.
  我要 皇堡 套餐。

- **매콤 치킨 버거** 세트 주세요. → 워야오 **씨앙라 찌투이바오** 타오찬.
  Wǒ yào xiāng là jī tuǐ bāo tàocān.
  香辣鸡腿堡

- **더블 치즈 버거** 세트 주세요. → 워야오 **쓔앙청 쯜쓸바오** 타오찬.
  Wǒ yào shuāngcéng zhīshì bāo tàocān.
  双层芝士堡

- **라오베이징 스낵랩** 세트 주세요. → 워야오 **라오베이찡 찌러우쥐엔** 타오찬.
  Wǒ yào lǎo Běijīng jīròu juǎn tàocān.
  老北京鸡肉卷

  중국 KFC에만 있는 메뉴로, 북경오리 맛과 비슷해요.

2 옵션을 변경하고 싶을 때 쓰는 만능 패턴

사이다 로 바꿔주세요. → 워야오 환청 **쉬에삐**.
Wǒ yào huànchéng xuěbì.
我要 换成 雪碧。

- **아메리카노** 로 바꿔주세요. → 워야오 환청 **메이쓸 카페이**.
  Wǒ yào huànchéng měishìkāfēi.
  我要 换成 美式咖啡。

- **코울슬로** 로 바꿔주세요. → 워야오 환청 **위미뻬이**.
  Wǒ yào huànchéng yùmǐ bēi.
  玉米杯

- **치즈 스틱** 으로 바꿔주세요. → 워야오 환청 **쯜쓸빵**.
  Wǒ yào huànchéng zhīshì bàng.
  芝士棒

- **라지 컵 사이즈** 로 바꿔주세요. → 워야오 환청 **따뻬이**.
  Wǒ yào huànchéng dà bēi.
  大杯

  사이드메뉴를 큰 사이즈로 바꾸고 싶을 땐 '따뻬이(大份)'이라고 말하면 돼요.

3 사이드 메뉴를 추가하고 싶을 때 쓰는 만능 패턴

감자튀김 추가해주세요. → **워야오 찌아 슈티아오**.
Wǒ yào jiā shǔtiáo.
我要 加 薯条。

- **핫윙** 추가해주세요. → 워야오 찌아 **라츨**.
  Wǒ yào jiā là chì.
  我要 加 辣翅。

- **맥너겟** 추가해주세요. → 워야오 찌아 **마이르어찌**.
  Wǒ yào jiā màilèjī.
  麦乐鸡

- **샐러드** 추가해주세요. → 워야오 찌아 **쌰라**.
  Wǒ yào jiā shālā.
  沙拉

- **타로 파이** 추가해주세요. → 워야오 찌아 **썅위파이**.
  Wǒ yào jiā xiāng yù pài.
  香芋派

중국 맥도날드에서만 파는 인기 메뉴예요.

4 필요한 물건이 어디 있는지 물어볼 때 쓰는 만능 패턴

케첩은 어디에 있어요? → **판치에쨩 짜이날?**
Fānqiéjiàng zài nǎr?
番茄酱 在哪儿?

- **빨대**는 어디에 있어요? → **씨관** 짜이날?
  Xīguǎn zài nǎr?
  吸管 在哪儿?

- **냅킨**은 어디에 있어요? → **찬찐즐** 짜이날?
  Cānjīnzhǐ zài nǎr?
  餐巾纸

- **물티슈**는 어디에 있어요? → **쓸찐** 짜이날?
  Shījīn zài nǎr?
  湿巾

- **쓰레기통**은 어디에 있어요? → **라찌통** 짜이날?
  Lājītǒng zài nǎr?
  垃圾桶

 고대로 써먹는 **생존 문장**

- 먹고 갈게요. ········▷ **짜이쩔 츨.**
  Zài zhèr chī.
  在这儿 吃。

- 포장할게요. ········▷ **워야오 따이조우.**
  Wǒ yào dài zǒu.
  我要 带走。

- (음료) 리필되나요? ········▷ **크어이 쒸뻬이마?**
  Kěyǐ xù bēi ma?
  可以 续杯吗?

앞사람에게 물어볼 때
- 주문하셨나요? ········▷ **닌 디엔완러마?**
  Nín diǎn wánle ma?
  您 点完了吗?

중국은 차이나

중국 프랜차이즈에만 있는 메뉴가 있어요!

대표적인 예로 KFC의 라오베이징 스낵랩(**老北京鸡肉卷**)이 있어요. 이 메뉴는 북경오리를 본따 만든 것으로, 토르티아 안에 북경오리 소스에 버무린 닭고기, 오이, 파채가 들어 있어요. 또 맥도날드의 타로 파이(**香芋派**)가 있는데, 단맛이 나면서도 알갱이가 씹히는 재미가 있으니 한 번 드셔보세요.

5 커피·티 주문하기

▲ MP3 바로듣기

> 아이스 아메리카노 주세요.
> 워야오 삥 메이쓸.

한 단어로 통해요!

아이스	삥 冰 bīng	핫	르어 热 rè
아메리카노	메이쓸(카페이) 美式(咖啡) měishì(kāfēi)	차	차 茶 chá
한 잔	이뻬이 一杯 yì bēi	두 잔	량뻬이 两杯 liǎng bēi
샷	농수어 浓缩 nóngsuō	저지방 우유	띠쯔 니우나이 低脂牛奶 dīzhī niúnǎi

1 주문할 때 쓰는 만능 패턴

핫으로 주문할 때에는 '삥(冰)' 대신에 '르어(热)'라고 말하면 돼요.

아이스 아메리카노 주세요. ➡ 워야오 삥 메이쓸.
Wǒ yào bīng měishì.
我要 冰 美式。

- 아이스 라떼 주세요. ➡ 워야오 삥 나티에.
  Wǒ yào bīng nátiě.
  我要 冰 拿铁。

- 아이스 바닐라 라떼 주세요. ➡ 워야오 삥 샹차오 나티에.
  Wǒ yào bīng xiāngcǎo nátiě.
  香草拿铁

- 아이스 밀크티 주세요. ➡ 워야오 삥 나이차.
  Wǒ yào bīng nǎichá.
  奶茶

- 아이스 우롱차 주세요. ➡ 워야오 삥 우롱차.
  Wǒ yào bīng wūlóngchá.
  乌龙茶

2 컵 사이즈를 정할 때 쓰는 만능 패턴

스몰 사이즈로 주세요. ➡ 워야오 샤오 뻬이.
Wǒ yào xiǎo bēi.
我要 小 杯。

- 레귤러 사이즈로 주세요. ➡ 워야오 쭝 뻬이.
  Wǒ yào zhōng bēi.
  我要 中 杯。

- 라지 사이즈로 주세요. ➡ 워야오 따 뻬이.
  Wǒ yào dà bēi.
  大

- 엑스 라지 사이즈로 주세요. ➡ 워야오 트어따 뻬이.
  Wǒ yào tè dà bēi.
  特大

5 커피·티 주문하기

3 옵션을 추가하고 싶을 때 쓰는 만능 패턴

| 얼음 추가해주세요. | → | 칭 찌아디알 삥콸.
Qǐng jiā diǎnr bīngkuàir.
请   加点儿 冰块儿。 |

- 시럽(당도) 추가해주세요. → 칭 찌아디알 탕.
  Qǐng jiā diǎnr táng.
  请   加点儿 糖。

- 펄 추가해주세요. → 칭 찌아디알 쩐쮸.
  Qǐng jiā diǎnr zhēnzhū.
  珍珠

- 밀크폼 추가해주세요. → 칭 찌아디알 나이까이.
  Qǐng jiā diǎnr nǎi gài.
  奶盖

- 초코칩 추가해주세요. → 칭 찌아디알 챠오커리쑤이.
  Qǐng jiā diǎnr qiǎokèlì suì.
  巧克力碎

4 옵션을 빼고 싶을 때 쓰는 만능 패턴

| 얼음 빼주세요. | → | 부야오 삥콸.
Bú yào bīngkuàir.
不要   冰块儿。 |

- 시럽(당도) 빼주세요. → 부야오 탕.
  Bú yào táng.
  不要   糖。

- 휘핑크림 빼주세요. → 부야오 나이요우.
  Bú yào nǎiyóu.
  奶油

- 시나몬 파우더 빼주세요. → 부야오 러우꾸이펀.
  Bú yào ròuguì fěn.
  肉桂粉

- 토핑 빼주세요. → 부야오 샤오랴오.
  Bú yào xiǎoliào.
  小料

고대로 써먹는 생존 문장

- 마시고 갈게요.
  → 짜이쩔 흐어.
  Zài zhèr hē.
  在这儿 喝。

- 포장할게요.
  → 워야오 따이조우.
  Wǒ yào dài zǒu.
  我要 带走。

- 디카페인 되나요?
  → 요우 띠인카페이마?
  Yǒu dī yīn kāfēi ma?
  有 低因咖啡吗？

- *내가 주문한 음료인지 확인할 때*
  제 건가요?
  → 쓸 워더마?
  Shì wǒ de ma?
  是 我的吗？

중국은 차이나

중국에 가면 커스터마이징으로 음료를 주문해보세요!

중국은 음료를 취향대로 주문하는 문화가 발달했어요. 특히 밀크티 가게에서는 취향에 맞게 옵션을 선택할 수 있는데, 기본적으로 당도와 얼음의 선호 취향을 말해주는 것이 좋아요.

- 당도 조절하기

당도 0%	당도 30%	당도 50%	당도 70%	기본 당도
부야오탕(不要糖, bú yào táng)	싼펀탕(三分糖, sān fēn táng)	우펀탕(五分糖, wǔ fēn táng)	치펀탕(七分糖, qī fēn táng)	창꾸이탕(常规糖, chángguī táng)

- 얼음의 양 조절하기

얼음 없음	얼음 적게	얼음 많이	기본 얼음
취삥(去冰, qù bīng)	샤오삥(少冰, shǎo bīng)	뚜어삥(多冰, duō bīng)	창꾸이삥(常规冰, chángguī bīng)

5 커피·티 주문하기

6 술 주문하기

▲ MP3 바로듣기

> 칭다오 맥주 주세요.
> 워야오 칭다오 피지우.

한 단어로 통해요!

한국어	발음	한자	병음
맥주	피지우	啤酒	píjiǔ
고량주	바이지우	白酒	báijiǔ
한 잔	이뻬이	一杯	yì bēi
병따개	카이핑치	开瓶器	kāipíngqì
생맥주	쨔피	扎啤	zhāpí
논알콜	우지우찡	无酒精	wújiǔjīng
한 병	이핑	一瓶	yì píng
얼음	삥괄	冰块儿	bīngkuàir

1 주문할 때 쓰는 만능 패턴

칭다오 맥주 주세요. → 워야오 **칭다오 피지우**.
　　　　　　　　　　　Wǒ yào　Qīngdǎo píjiǔ.
　　　　　　　　　　　我要　　青岛啤酒。

- **하얼빈 맥주** 주세요. → 워야오 **하얼삔 피지우**.
　　　　　　　　　　　　Wǒ yào　Hā'ěrbīn píjiǔ.
　　　　　　　　　　　　我要　　哈尔滨啤酒。

- **생맥주** 주세요. → 워야오 **짜피**.
　　　　　　　　　　Wǒ yào　zhāpí.
　　　　　　　　　　　　　　扎啤

- **이과두주** 주세요. → 워야오 **얼꾸어토우**.
　　　　　　　　　　　Wǒ yào　Èrguōtóu.
　　　　　　　　　　　　　　　二锅头

- **우량예** 주세요. → 워야오 **우리앙예**.
　　　　　　　　　　Wǒ yào　Wǔliángyè.
　　　　　　　　　　　　　　五粮液

　　(중국의 유명한 고량주 중 하나예요.)

2 원하는 술이 있는지 물어볼 때 쓰는 만능 패턴

차가운 거 있나요? → 요우 **삥** 더마?
　　　　　　　　　　Yǒu　bīng　de ma?
　　　　　　　　　　有　　冰　　的吗?

- **미지근한** 거 있나요? → 요우 **챵원** 더마?
　　　　　　　　　　　　Yǒu　chángwēn de ma?
　　　　　　　　　　　　有　　常温　　的吗?

　　(중국에서는 미지근한 맥주도 인기가 많아요.)

- **도수가 높은** 거 있나요? → 요우 **뚜슈 까오** 더마?
　　　　　　　　　　　　　Yǒu　dùshù gāo　de ma?
　　　　　　　　　　　　　　　　度数高

- **도수가 낮은** 거 있나요? → 요우 **뚜슈 띠** 더마?
　　　　　　　　　　　　　Yǒu　dùshù dī　de ma?
　　　　　　　　　　　　　　　　度数低

- **알코올이 없는** 거 있나요? → 요우 **우지우찡** 더마?
　　　　　　　　　　　　　　Yǒu　wújiǔjīng　de ma?
　　　　　　　　　　　　　　　　　无酒精

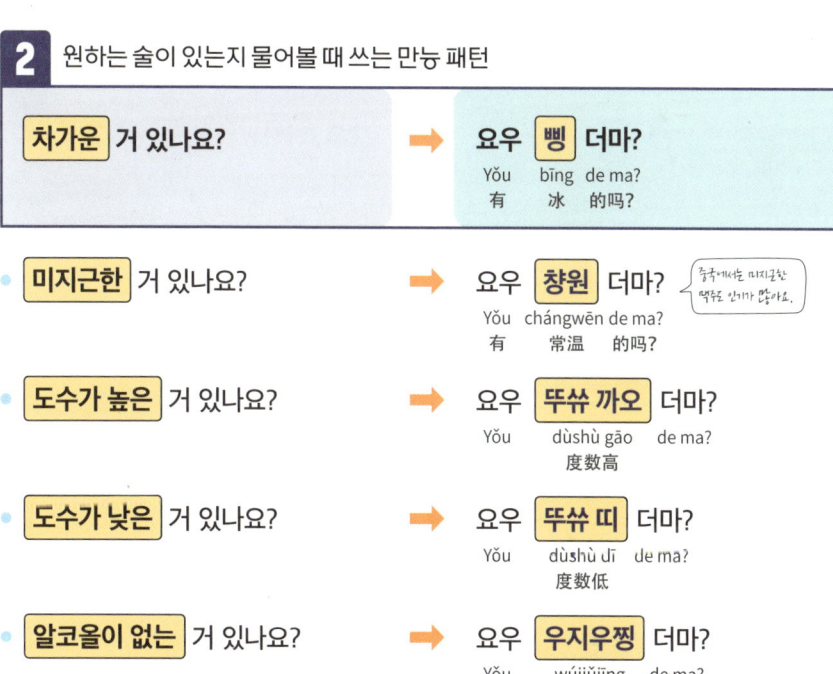

6 술 주문하기

3 추가 주문할 때 쓰는 만능 패턴

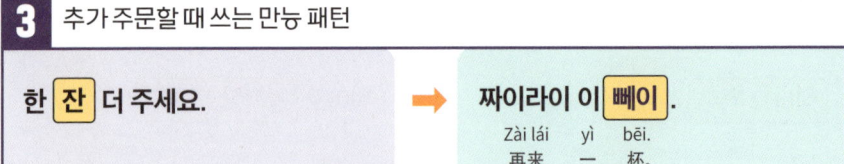

- 한 병 더 주세요. → 짜이라이 이 핑.
  Zài lái yì píng.
  再来 一 瓶。

- 한 캔 더 주세요. → 짜이라이 이 팅.
  Zài lái yì tīng.
  听

- 한 피처 더 주세요. → 짜이라이 이 짜.
  Zài lái yì zhā.
  扎

- 한 개 더 주세요. → 짜이라이 이 거.
  Zài lái yí ge.
  个

4 필요한 물건이 있을 때 쓰는 만능 패턴

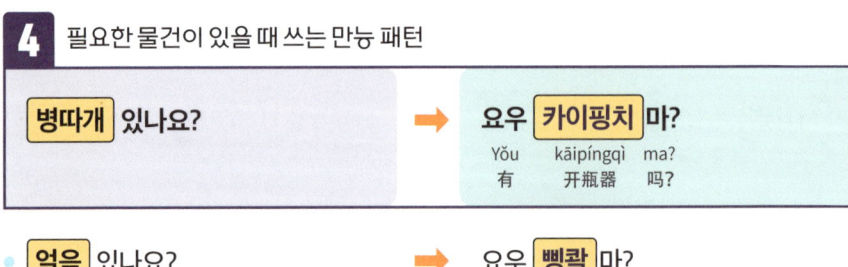

- 얼음 있나요? → 요우 삥콸 마?
  Yǒu bīngkuàir ma?
  有 冰块儿 吗?

- 큰 잔 있나요? → 요우 따뻬이 마?
  Yǒu dà bēi ma?
  大杯

- 냅킨 있나요? → 요우 찬찐즐 마?
  Yǒu cānjīnzhǐ ma?
  餐巾纸

- 레몬 슬라이스 있나요? → 요우 닝멍피엔 마?
  Yǒu níngméng piàn ma?
  柠檬片

고대로 써먹는 생존 문장

종업원을 부를 때
- 저기요. ········> 푸우위엔.
Fúwùyuán.
服务员。

f발음으로 읽어요!

알코올 도수가 알고 싶을 때
- 몇 도예요? ········> 요우 지뚜?
Yǒu jǐ dù?
有几度?

- 무료인가요? ········> 미엔페이마?
Miǎnfèi ma?
免费吗?

- 건배! ········> 깐뻬이!
Gānbēi!
干杯!

중국은 차이나

중국 사람들은 미지근한 맥주도 즐겨 마셔요!

중국에서 맥주를 시키면 미지근한 상온의 맥주를 가져다주는 경우가 종종 있어요. 중국인들은 '머리는 차고 가슴은 열려 있으며 배는 항상 따뜻해야 한다'라고 생각하기 때문이에요. 따라서 주류나 음료 주문 시 차가운 것을 원하면 '삥더(冰的, bīng de)'라고 말해보세요.

7 추가 요청하기

▲ MP3 바로듣기

젓가락 좀 바꿔주세요.
환이씨아 콰이즈.

한 단어로 통해요!

메뉴판	**차이딴**	菜单 càidān	새것	**씬더** 新的 xīn de
숟가락	**샤오즈**	勺子 sháozi	젓가락	**콰이즈** 筷子 kuàizi
접시	**디에즈**	碟子 diézi	컵	**뻬이즈** 杯子 bēizi
교환	**환**	换 huàn	치우다	**쑈우슬** 收拾 shōushi

1 식기를 바꿔달라고 할 때 쓰는 만능 패턴

| 젓가락 좀 바꿔주세요. | → | 환이씨아 콰이즈.
Huàn yíxià kuàizi.
换一下   筷子。 |

- 숟가락 좀 바꿔주세요. → 환이씨아 샤오즈.
  Huàn yíxià sháozi.
  换一下   勺子。

- 컵 좀 바꿔주세요. → 환이씨아 베이즈.
  Huàn yíxià bēizi.
  杯子

- 접시 좀 바꿔주세요. → 환이씨아 디에즈.
  Huàn yíxià diézi.
  碟子

- 그릇 좀 바꿔주세요. → 환이씨아 완.
  Huàn yíxià wǎn.
  碗

오래 운영했음을 알리기 위해 이가 빠진 그릇을 그대로 사용하는 곳도 있어요.

2 식기가 더 필요할 때 쓰는 만능 패턴

| 컵 하나 더 주세요. | → | 짜이게이워 거 베이즈.
Zài gěi wǒ ge bēizi.
再给我   个 杯子。 |

- 포크 하나 더 주세요. → 짜이게이워 거 챠즈.
  Zài gěi wǒ ge chāzi.
  再给我   个 叉子。

- 그릇 하나 더 주세요. → 짜이게이워 거 완.
  Zài gěi wǒ ge wǎn.
  碗

- 나이프 하나 더 주세요. → 짜이게이워 거 따오.
  Zài gěi wǒ ge dāo.
  刀

- 수저 세트 하나 더 주세요. → 짜이게이워 거 찬쮜.
  Zài gěi wǒ ge cānjù.
  餐具

3 필요한 물건이 있을 때 쓰는 만능 패턴

| 집게 있나요? | → | 요우 찌아즈 마?
Yǒu jiāzi ma?
有 夹子 吗? |

- 국자 있나요? → 요우 탕샤오 마?
  Yǒu tāngsháo ma?
  有 汤勺 吗?

- 가위 있나요? → 요우 지엔따오 마?
  Yǒu jiǎndāo ma?
  剪刀
  (손님에게 가위를 제공하지 않는 곳도 많아요.)

- 아기 수저 있나요? → 요우 얼통찬쮜 마?
  Yǒu értóng cānjù ma?
  儿童餐具

- 아기 의자 있나요? → 요우 잉얼이 마?
  Yǒu yīng'éryǐ ma?
  婴儿椅

4 요구 사항을 말할 때 쓰는 만능 패턴

| 포장해 주세요. | → | 빵워 다빠오.
Bāng wǒ dǎbāo.
帮我 打包。 |

- 리필해 주세요. → 빵워 쉬뻬이.
  Bāng wǒ xù bēi.
  帮我 续杯。
  (음료의 리필을 요청할 때 말해보세요.)

- 조금 더 주세요. → 빵워 짜이찌아 이씨에.
  Bāng wǒ zài jiā yìxiē.
  再加一些
  (무료 제공 음식의 리필을 요청할 때 말해보세요.)

- 닦아 주세요. → 빵워 차이씨아.
  Bāng wǒ cā yíxià.
  擦一下

- 치워 주세요. → 빵워 쑈우슬이씨아.
  Bāng wǒ shōushi yíxià.
  收拾一下

고대로 써먹는 생존 문장

- 종업원을 부를 때
  저기요. ┄┄┄▶ **푸우위엔.** (f발음으로 읽어요!)
  Fúwùyuán.
  服务员。

- 종업원을 잘못 불렀을 때
  잘못 불렀어요. ┄┄┄▶ **워 찌아오추어러.**
  Wǒ jiào cuòle.
  我 叫错了。

- **괜찮습니다.** ┄┄┄▶ **부용러.**
  Bú yòng le.
  不用了。

- **감사합니다.** ┄┄┄▶ **씨에시에.**
  Xièxie.
  谢谢。

중국은 차이나

중국 젓가락이 가장 길어요!

한국, 중국, 일본의 젓가락 길이가 다 다른데, 중국 젓가락이 가장 길다는 사실 알고 계셨나요? 중국에서는 보통 큰 원형 식탁에 여럿이 둘러 앉아 밥을 먹는데, 이때 멀리서도 음식을 잘 집을 수 있게 젓가락이 길어졌다고 해요.

7 추가 요청하기 81

8 컴플레인하기

▲ MP3 바로듣기

이 음식 너무 짜요.
쩌거차이 타이 시엔러.

한 단어로 통해요!

맛없다 **뿌하오츨** 不好吃 bù hǎochī	안 익었다 **메이슈** 没熟 méi shú
탔다 **후러** 糊了 hú le	안 나왔다 **메이 쌍** 没上 méi shàng
너무 늦다 **타이 지우러** 太久了 tài jiǔ le	불만족스럽다 **뿌만이** 不满意 bù mǎnyì
취소 **취씨아오** 取消 qǔxiāo	매니저, 지배인 **찡리** 经理 jīnglǐ

1 음식 상태가 이상할 때 쓰는 만능 패턴

이 음식 너무 짜요. → 쩌거차이 타이 시엔러.
Zhège cài tài xián le.
这个菜 太咸了。

- 이 음식 너무 싱거워요. → 쩌거차이 타이 딴러.
  Zhège cài tài dàn le.
  这个菜 太淡了。

- 이 음식 안 익었어요. → 쩌거차이 메이슈.
  Zhège cài méi shú.
  这个菜 没熟

- 이 음식 약간 탔어요. → 쩌거차이 요우디알 후러.
  Zhège cài yǒudiǎnr hú le.
  这个菜 有点儿糊了

- 이 음식 다 식었어요. → 쩌거차이 또우 량러.
  Zhège cài dōu liáng le.
  这个菜 都凉了

2 음식에서 이물질이 나왔을 때 쓰는 만능 패턴

여기에서 머리카락 이 나왔어요. → 쩌리 요우 토우파.
Zhèli yǒu tóufa.
这里 有 头发。

- 여기에서 가시 가 나왔어요. → 쩌리 요우 츠.
  Zhèli yǒu cì.
  这里 有 刺。

- 여기에서 껍질 이 나왔어요. → 쩌리 요우 크어.
  Zhèli yǒu ké.
  壳
  (해산물 등의 껍질이 있겠을 때 말해보세요.)

- 여기에서 이상한 것 이 나왔어요. → 쩌리 요우 치꽈이더 똥시.
  Zhèli yǒu qíguài de dōngxi.
  奇怪的东西

8 컴플레인하기 83

3 음식이 안 나왔을 때 쓰는 만능 패턴

북경오리 가 아직 안 나왔어요. → **베이찡카오야** 하이메이 쌍.
Běijīng kǎoyā　hái méi shàng.
北京烤鸭　　　还没　上。

- **마라룽샤** 가 아직 안 나왔어요. → **마라롱씨아** 하이메이 쌍.
  Málàlóngxiā　hái méi shàng.
  麻辣龙虾　　　还没　上。

- **우육면** 이 아직 안 나왔어요. → **니우러우미엔** 하이메이 쌍.
  Niúròumiàn　hái méi shàng.
  牛肉面

- **어향가지** 가 아직 안 나왔어요. → **위썅치에즈** 하이메이 쌍.
  Yúxiāng qiézi　hái méi shàng.
  鱼香茄子

- **이 메뉴** 가 아직 안 나왔어요. → **쪄따오차이** 하이메이 쌍.
  Zhè dào cài　hái méi shàng.
  这道菜

4 요구 사항을 말할 때 쓰는 만능 패턴

취소해 주세요. → 칭 빵워 **취씨아오** 이씨아.
Qǐng bāng wǒ　qǔxiāo　yíxià.
请　帮我　取消　一下。

- **확인해** 주세요. → 칭 빵워 **취에런** 이씨아.
  Qǐng bāng wǒ　quèrèn　yíxià.
  请　帮我　确认　一下。
  (주문이 제대로 들어갔는지 확인하고 싶을 때 말해보세요.)

- **재촉해** 주세요. → 칭 빵워 **추이** 이씨아.
  Qǐng bāng wǒ　cuī　yíxià.
  催
  (음식이 안 들어왔으면 할 때 말해보세요.)

- **데워** 주세요. → 칭 빵워 **찌아르어** 이씨아.
  Qǐng bāng wǒ　jiārè　yíxià.
  加热

- **새로 만들어** 주세요. → 칭 빵워 **총씬 쭈어** 이씨아.
  Qǐng bāng wǒ chóngxīn zuò　yíxià.
  重新做

고대로 써먹는 생존 문장

종업원을 부를 때
● 저기요.

··········▶ 푸우위엔. *f발음으로 읽어요!*
Fúwùyuán.
服务员。

음식이 모두 나온 건지 알고 싶을 때
● 모두 다 나온 건가요?

··········▶ 차이 또우 치러마?
Cài dōu qí le ma?
菜 都 齐了吗?

● 저희 게 아니에요.

··········▶ 부쓸 워먼더.
Búshì wǒmen de.
不是 我们的。

맛, 서비스 등이 정상적인 건지 알고 싶을 때
● 원래 이런가요?

··········▶ 위엔라이 찌우쓸 쪄양더마?
Yuánlái jiùshì zhèyàng de ma?
原来 就是 这样的吗?

중국은 차이나

종업원이 메뉴판을 깜박한 게 아니에요!

자리에 앉았는데 한참을 기다려도 메뉴판을 안 가져다준다면, 테이블 위에 QR코드가 있는지 확인해보세요. 알리페이나 위챗페이 앱 안의 카메라 기능으로 QR코드를 스캔하면, 가게의 공식 계정을 통해 메뉴 확인부터 주문, 결제까지 원스톱으로 진행할 수 있어요.

8 컴플레인하기

9 계산하기

▲ MP3 바로듣기

계산할게요.
워야오 마이딴.

한 단어로 통해요!

카드 결제 쓔아카	刷卡 shuākǎ	앱 결제 쇼우찌 쯜푸	手机支付 shǒujī zhīfù
따로 결제 펀카이 푸	分开付 fēnkāi fù	같이 결제 이치 푸	一起付 yìqǐ fù
QR코드 얼웨이마	二维码 èrwéimǎ	현금 씨엔찐	现金 xiànjīn
포장 다빠오	打包 dǎbāo	영수증 샤오피아오	小票 xiǎopiào

1 계산 또는 포장을 요청할 때 쓰는 만능 패턴

계산 할게요. → 워야오 **마이딴**.
Wǒ yào mǎidān.
我要 买单。

- **포장** 할게요. → 워야오 **다빠오**.
  Wǒ yào dǎbāo.
  我要 打包。

- **테이크아웃** 할게요. → 워야오 **따이조우**.
  Wǒ yào dàizǒu.
  带走

- **1인분 더 포장** 할게요. → 워야오 **짜이 다빠오 이펀**.
  Wǒ yào zài dǎbāo yí fèn.
  再打包一份

2 원하는 결제 수단이 있을 때 쓰는 만능 패턴

카드 로 해도 되나요? → 크어이 용 **씬용카** 마?
Kěyǐ yòng xìnyòngkǎ ma?
可以 用 信用卡 吗?

- **알리페이** 로 해도 되나요? → 크어이 용 **쯜푸바오** 마?
  Kěyǐ yòng Zhīfùbǎo ma?
  可以 用 支付宝 吗?

- **위쳇페이** 로 해도 되나요? → 크어이 용 **웨이씬** 마?
  Kěyǐ yòng Wēixìn ma?
  微信

- **현금** 으로 해도 되나요? → 크어이 용 **씨엔찐** 마?
  Kěyǐ yòng xiànjīn ma?
  现金

3 따로 또는 같이 계산하고 싶을 때 쓰는 만능 패턴

| 따로 계산할 게요. | → | 워먼 펀카이 푸.
Wǒmen fēnkāi fù.
我们 分开付。 |

- 더치페이 할 게요. → 워먼 에이에이쯜.
  Wǒmen AA zhì.
  我们 AA制。

- 한 번에 계산할 게요. → 워먼 이치 푸.
  Wǒmen yìqǐ fù.
  一起付

- 이 카드로 계산할 게요. → 워먼 용 쪄쟝카푸.
  Wǒmen yòng zhè zhāng kǎ fù.
  用这张卡付

4 결제가 잘 안 될 때 쓰는 만능 패턴

| 다시 해 볼게요. | → | 워 짜이 쓸 이씨아.
Wǒ zài shì yíxià.
我 再 试 一下。 |

- 다시 긁어 볼게요. → 워 짜이 슈아 이씨아.
  Wǒ zài shuā yíxià.
  我 再 刷 一下。

- 다시 스캔 해볼게요. → 워 짜이 사오 이씨아.
  Wǒ zài sǎo yíxià.
  扫

- 다시 연결 해볼게요. → 워 짜이 리엔찌에 이씨아. *(Wi-Fi가 끊겼을 때 말해보세요.)*
  Wǒ zài liánjiē yíxià.
  连接

- 다시 로그인 해볼게요. → 워 짜이 떵루 이씨아. *(앱 로그인을 다시 해야 할 때 말해보세요.)*
  Wǒ zài dēnglù yíxià.
  登录

고대로 써먹는 생존 문장

- 너무 맛있었어요. ┈┈> **타이하오츨러.**
  Tài hǎochī le.
  太好吃了。

- 잠시만요. ┈┈> **칭 덩이씨아.**
  Qǐng děng yíxià.
  请 等一下。

- 인터넷 연결이 안 돼요. ┈┈> **리엔부샹왕.**
  Lián bu shàngwǎng.
  连不上网。

- 영수증 주세요. ┈┈> **워야오 샤오피아오.**
  Wǒ yào xiǎopiào.
  我要 小票。

🇨🇳 중국은 차이나

중국에서는 한 손으로 1부터 10까지 표현할 수 있어요!

1부터 5까지는 우리나라와 동일하게 표현하지만, 6부터 10까지도 한 손으로 표현할 수 있어요. 이는 숫자나 가격을 빠르게 전달할 수 있어 일상생활에서 자주 활용돼.

 1    2    3    4    5

 6   7   8    9   10

해커스 여행중국어 10분의 기적

05

관광지에서

1. 표 구매·취소·변경하기
2. 관람하기 및 사진 요청하기
3. 마사지 숍 가기

1 표 구매·취소·변경하기

▲ MP3 바로듣기

성인 표 한 장이요.
이쩡 청런피아오.

한 단어로 통해요!

입장권	먼피아오	门票 ménpiào		성인 표	청런피아오	成人票 chéngrén piào
구매	마이	买 mǎi		교환	환	换 huàn
환불	투이콴	退款 tuìkuǎn		예약	위띵	预订 yùdìng
한 장	이쨩	一张 yì zhāng		두 장	량쨩	两张 liǎng zhāng

1 표를 구매할 때 쓰는 만능 패턴

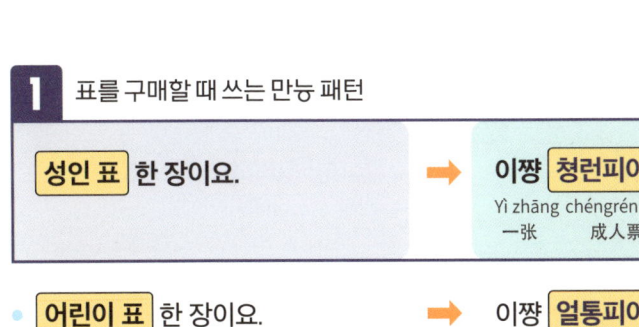

성인 표 한 장이요. → 이쨩 **청런피아오**.
Yì zhāng chéngrén piào.
一张　　成人票。

- **어린이 표** 한 장이요. → 이쨩 **얼통피아오**.
Yì zhāng értóng piào.
一张　　儿童票。

- **우대 할인 표** 한 장이요. → 이쨩 **요우후이피아오**.
Yì zhāng yōuhuì piào.
优惠票

- **종일권** 한 장이요. → 이쨩 **취엔를피아오**.
Yì zhāng quánrì piào.
全日票

- **자유이용권** 한 장이요. → 이쨩 **통피아오**.
Yì zhāng tōngpiào.
通票

패키지 통합권을 구매할 때도 쓸 수 있어요.

2 공연 및 좌석을 정할 때 쓰는 만능 패턴

다음 회차 로 주세요. → 워야오 **씨아이챵** 더.
Wǒ yào xià yì chǎng de.
我要　下一场　的。

- **마지막 공연** 으로 주세요. → 워야오 **쭈이완** 더.
Wǒ yào zuì wǎn de.
我要　最晚　的。

- **앞 열** 로 주세요. → 워야오 **치엔파이** 더.
Wǒ yào qiánpái de.
前排

- **중간** 으로 주세요. → 워야오 **쭝찌엔** 더.
Wǒ yào zhōngjiān de.
中间

- **맨 마지막 열** 로 주세요. → 워야오 **쭈이허우 이파이** 더.
Wǒ yào zuì hòu yì pái de.
最后一排

3 표를 취소할 때 쓰는 만능 패턴

표를 취소할 수 있나요? ➡ 크어이 취씨아오 피아오마?
Kěyǐ qǔxiāo piào ma?
可以 取消 票吗?

- 표를 당일 취소할 수 있나요? ➡ 크어이 땅티엔 투이 피아오마?
Kěyǐ dāngtiān tuì piào ma?
可以 当天退 票吗?

- 표를 한 장만 취소할 수 있나요? ➡ 크어이 즐 취씨아오 이짱 피아오마?
Kěyǐ zhǐ qǔxiāo yì zhāng piào ma?
只取消一张

- 표를 환불할 수 있나요? ➡ 크어이 투이 피아오마?
Kěyǐ tuì piào ma?
退

4 표를 변경할 때 쓰는 만능 패턴

표를 변경할 수 있나요? ➡ 크어이 환 피아오 마?
Kěyǐ huàn piào ma?
可以 换 票 吗?

- 좌석을 변경할 수 있나요? ➡ 크어이 환 쭈어웨이 마?
Kěyǐ huàn zuòwèi ma?
可以 换 座位 吗?

- 시간을 변경할 수 있나요? ➡ 크어이 환 슬찌엔 마?
Kěyǐ huàn shíjiān ma?
时间

- 회차를 변경할 수 있나요? ➡ 크어이 환 챵츠 마?
Kěyǐ huàn chǎngcì ma?
场次

고대로 써먹는 생존 문장

- 예약했어요. ……▷ 워 띵피아오러.
  Wǒ dìng piào le.
  我 订票了。

- 매진됐나요? ……▷ 또우 마이꽝러마?
  Dōu màiguāngle ma?
  都 卖光了吗?

- 수수료가 있나요? ……▷ 요우 쇼우쉬페이마?
  Yǒu shǒuxùfèi ma?
  有 手续费吗?

- 앞사람에게
  줄 서신 건가요? ……▷ 짜이 파이뚜이마?
  Zài páiduì ma?
  在 排队吗?

중국은 차이나

중국의 여행 성수기를 잘 확인하세요!

성수기는 보통 춘절(음력 1월 1일), 국경절(10월 1일), 중추절(음력 8월 15일) 연휴를 말해요. 이 연휴 기간에는 많은 인구가 여행을 다니므로 항상 붐비고, 관광지 티켓 요금도 비수기에 비해 더 비싸질 수도 있으니 꼭 참고하세요.

2 관람하기 및 사진 요청하기

▲ MP3 바로듣기

💬 사진 찍어도 되나요?
커어이 파이쨔오마?

한 단어로 통해요!

공연 비아오옌 表演 biǎoyǎn		몇 시 지디엔 几点 jǐ diǎn
들어가다 찐취 进去 jìnqu		금지하다 찐즈 禁止 jìnzhǐ
사진 쨔오피엔 照片 zhàopiàn		동영상 쓸핀 视频 shìpín
다시 짜이라이 再来 zài lái		배경 뻬이징 背景 bèijǐng

1 관람 규칙을 물어볼 때 쓰는 만능 패턴

사진 찍어 도 되나요? → 크어이 **파이쨔오** 마?
Kěyǐ pāizhào ma?
可以 拍照 吗?

- **입장해** 도 되나요? → 크어이 **루챵** 마?
  Kěyǐ rùchǎng ma?
  可以 入场 吗?

- **재입장해** 도 되나요? → 크어이 **짜이츠 루챵** 마?
  Kěyǐ zàicì rùchǎng ma?
  再次入场

- **들고 들어가** 도 되나요? → 크어이 **따이찐취** 마?
  Kěyǐ dài jìnqu ma?
  带进去

  음료, 카메라 등을 가지고 가려 말해보세요.

- **앉아** 도 되나요? → 크어이 **쭈어** 마?
  Kěyǐ zuò ma?
  坐

2 이벤트의 시작 시간을 물어볼 때 쓰는 만능 패턴

퍼레이드 는 언제 시작하나요? → **쉰요우** 션머슬호우 카이슬?
Xúnyóu shénme shíhou kāishǐ?
巡游 什么时候 开始?

- **공연** 은 언제 시작하나요? → **비아오옌** 션머슬호우 카이슬?
  Biǎoyǎn shénme shíhou kāishǐ?
  表演 什么时候 开始?

- **불꽃놀이** 는 언제 시작하나요? → **옌화씨우** 션머슬호우 카이슬?
  Yānhuā xiù shénme shíhou kāishǐ?
  烟花秀

- **LED쇼** 는 언제 시작하나요? → **떵꽝씨우** 션머슬호우 카이슬?
  Dēngguāng xiù shénme shíhou kāishǐ?
  灯光秀

- **이벤트** 는 언제 시작하나요? → **후어똥** 션머슬호우 카이슬?
  Huódòng shénme shíhou kāishǐ?
  活动

3 사진을 찍어 달라고 요청할 때 쓰는 만능 패턴

사진 찍어 주실 수 있나요? ➡ 크어이 빵워 파이 **쨔오** 마?
Kěyǐ bāng wǒ pāi zhào ma?
可以 帮我 拍 照 吗?

- **전신 사진** 찍어 주실 수 있나요? ➡ 크어이 빵워 파이 **취엔썬쨔오** 마?
  Kěyǐ bāng wǒ pāi quánshēn zhào ma?
  可以 帮我 拍 全身照 吗?

- **단체 사진** 찍어 주실 수 있나요? ➡ 크어이 빵워 파이 **흐어잉** 마?
  Kěyǐ bāng wǒ pāi héyǐng ma?
  合影

- **뒷모습** 찍어 주실 수 있나요? ➡ 크어이 빵워 파이 **뻬이잉** 마?
  Kěyǐ bāng wǒ pāi bèiyǐng ma?
  背影

- **동영상** 찍어 주실 수 있나요? ➡ 크어이 빵워 파이 **쓸핀** 마?
  Kěyǐ bāng wǒ pāi shìpín ma?
  视频

4 다시 찍어 달라고 요청할 때 쓰는 만능 패턴

다시 찍어 주실 수 있나요? ➡ 크어이 **짜이파이 이쨩** 마?
Kěyǐ zài pāi yì zhāng ma?
可以 再拍一张 吗?

- **몇 장 더 찍어** 주실 수 있나요? ➡ 크어이 **뚜어파이 지쨩** 마?
  Kěyǐ duō pāi jǐ zhāng ma?
  可以 多拍几张 吗?

- **더 가깝게 찍어** 주실 수 있나요? ➡ 크어이 **파이더 껑찐디알** 마?
  Kěyǐ pāi de gèng jìn diǎnr ma?
  拍得更近点儿

- **이게 나오게 찍어** 주실 수 있나요? ➡ 크어이 **바 쩌거 파이찐취** 마?
  Kěyǐ bǎ zhège pāi jìnqu ma?
  把这个拍进去

- **이렇게 찍어** 주실 수 있나요? ➡ 크어이 **쩌양 파이** 마?
  Kěyǐ zhèyàng pāi ma?
  这样拍

카메라로 구도를 직접 보여주며 말해보세요.

고대로 써먹는 생존 문장

- 실례합니다.
  → 뿌하오이스.
  Bùhǎoyìsi.
  不好意思。

관람 코스 또는 공연이 끝난 것인지 물어볼 때
- 끝인가요?
  → 지에슈러마?
  Jiéshù le ma?
  结束了吗？

찍어준 사진이 마음에 들 때
- 너무 멋져요.
  → 타이빵러.
  Tài bàngle.
  太棒了。

- 정말 감사합니다.
  → 페이창 씨에시에.
  Fēicháng xièxie.
  非常 谢谢。

중국은 차이나

중국 사람들은 광장에 모여 춤을 춰요!

중국에서는 매일 아침 또는 저녁 무렵에 중노년층의 사람들이 약속이라도 한 듯 공터나 공원에 모여 춤을 춰요. 이런 춤을 '광장무(广场舞)'라고 하며, 동작은 비교적 쉽고 간단해요. 여행 도중 광장무를 추는 사람들을 발견하면, 한 번 같이 춰보는 것도 특별한 추억을 만들 수 있을 것 같네요!

3 마사지 숍 가기

▲ MP3 바로듣기

전신 마사지를 받고 싶어요.
워야오 쭈어 취엔썬 안모어.

한 단어로 통해요!

전신 마사지	취엔썬 안모어 全身按摩 quánshēn ànmó	발 마사지	주리아오 足疗 zúliáo
세게	쭝 重 zhòng	약하게	칭 轻 qīng
아프다	헌텅 很疼 hěn téng	좋다	헌하오 很好 hěn hǎo
남자 안마사	난 안모어쓸 男按摩师 nán ànmóshī	여자 안마사	뉘 안모어쓸 女按摩师 nǚ ànmóshī

1 어떤 마사지를 받고 싶은지 말할 때 쓰는 만능 패턴

전신 마사지를 받고 싶어요. → 워야오 쭈어 **취엔썬 안모어**.
Wǒ yào zuò quánshēn ànmó.
我要 做 全身按摩。

- **발 마사지**를 받고 싶어요. → 워야오 쭈어 **주리아오**.
  Wǒ yào zuò zúliáo.
  我要 做 足疗。

- **두피 마사지**를 받고 싶어요. → 워야오 쭈어 **토우뿌 안모어**.
  Wǒ yào zuò tóubù ànmó.
  头部按摩

- **어깨와 목 마사지**를 받고 싶어요. → 워야오 쭈어 **찌엔징 안모어**.
  Wǒ yào zuò jiān jǐng ànmó.
  肩颈按摩

- **오일 마사지**를 받고 싶어요. → 워야오 쭈어 **찡요우 안모어**.
  Wǒ yào zuò jīngyóu ànmó.
  精油按摩

2 케어 받고 싶은 부위를 말할 때 쓰는 만능 패턴

허리를 집중적으로 해주세요. → 칭 쥬야오 안모어 **야오**.
Qǐng zhǔyào ànmó yāo.
请 主要 按摩 腰。

- **어깨**를 집중적으로 해주세요. → 칭 쥬야오 안모어 **찌엔방**.
  Qǐng zhǔyào ànmó jiānbǎng.
  请 主要 按摩 肩膀。

- **목**을 집중적으로 해주세요. → 칭 쥬야오 안모어 **징뿌**.
  Qǐng zhǔyào ànmó jǐngbù.
  颈部

- **등**을 집중적으로 해주세요. → 칭 쥬야오 안모어 **뻬이**.
  Qǐng zhǔyào ànmó bèi.
  背

- **여기**를 집중적으로 해주세요. → 칭 쥬야오 안모어 **쪄리**.
  Qǐng zhǔyào ànmó zhèli.
  这里

신체 부위를 가리키며 말해보세요.

3 마사지 강도를 조절하고 싶을 때 쓰는 만능 패턴

약하게 해주실 수 있나요? → 크어이 **칭이디알** 마?
Kěyǐ qīng yìdiǎnr ma?
可以 轻一点儿 吗?

- **더 약하게** 해주실 수 있나요? → 크어이 **짜이 칭이디알** 마?
  Kěyǐ zài qīng yìdiǎnr ma?
  可以 再轻一点儿 吗?

- **세게** 해주실 수 있나요? → 크어이 **쫑이디알** 마?
  Kěyǐ zhòng yìdiǎnr ma?
  重一点儿

- **더 세게** 해주실 수 있나요? → 크어이 **짜이 쫑이디알** 마?
  Kěyǐ zài zhòng yìdiǎnr ma?
  再重一点儿

- **천천히** 해주실 수 있나요? → 크어이 **만이디알** 마?
  Kěyǐ màn yìdiǎnr ma?
  慢一点儿

4 현재 상태를 말할 때 쓰는 만능 패턴

조금 **아파요**. → 요우디알 **텅**.
Yǒudiǎnr téng.
有点儿 疼。

- 조금 **간지러워요**. → 요우디알 **양**.
  Yǒudiǎnr yǎng.
  有点儿 痒。

- 조금 **추워요**. → 요우디알 **렁**.
  Yǒudiǎnr lěng.
  冷

- 조금 **더워요**. → 요우디알 **르어**.
  Yǒudiǎnr rè.
  热

- 조금 **뜨거워요**. → 요우디알 **탕**. *(족욕 물이 너무 뜨거울 때 말해보세요.)*
  Yǒudiǎnr tàng.
  烫

고대로 써먹는 생존 문장

- 거기 너무 아파요.
  → **나리 헌텅.**
  Nàli hěn téng.
  那里 很疼。

- 딱 좋아요.
  → **깡깡하오.**
  Gānggāng hǎo.
  刚刚好。

- 안마사 바꿔주세요.
  → **칭 환거 안모어쓸.**
  Qǐng huàn ge ànmóshī.
  请 换个 按摩师。

- 끝났나요?
  → **완러마?**
  Wán le ma?
  完了吗?

중국은 차이나

중국은 마사지 문화가 매우 대중적이에요!

중국에는 마사지 종류가 다양한 고급스러운 전문 숍도 있고, 소파에 앉아 발 마사지만 간단히 받을 수 있는 작은 숍도 있어요. 또 지하철 역이나 길거리에 간이 의자를 두고 영업하는 곳도 있어, 마사지를 쉽고 편하게 받을 수 있어요.

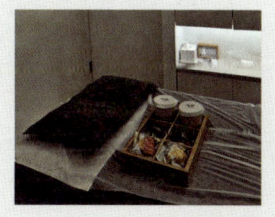

해커스 여행중국어 10분의 기적

06
쇼핑몰·시장에서

1. 상품 고르기
2. 가격 문의 및 계산하기
3. 교환·환불·세금 환급 요청하기

1 상품 고르기

▲ MP3 바로듣기

샤오미 있나요?
요우 샤오미마?

한 단어로 통해요!

옷 이푸	衣服 yīfu		신발 시에	鞋 xié
모자 마오즈	帽子 màozi		탕후루 탕후루	糖葫芦 tánghúlu
이것 쩌거	这个 zhège		저것 나거	那个 nàge
탈의실 껑이쓸	更衣室 gēngyīshì		거울 찡즈	镜子 jìngzi

1 찾는 브랜드나 상품이 있을 때 쓰는 만능 패턴

샤오미 있나요?	➡	요우 샤오미 마?
		Yǒu Xiǎomǐ ma?
		有 小米 吗?

- 나이키 있나요? ➡ 요우 나이커 마?
  Yǒu Nàikè ma?
  有 耐克 吗?

- 미니소 있나요? ➡ 요우 밍촹요우핀 마?
  Yǒu Míngchuàngyōupǐn ma?
  名创优品

- 따바이투 있나요? ➡ 요우 따바이투 마?
  Yǒu Dàbáitù ma?
  大白兔
  기념품으로 자주 구매하는 사탕 브랜드예요.

- 이거 있나요? ➡ 요우 쩌거 마?
  Yǒu zhège ma?
  这个

2 직접 테스트해 보고 싶을 때 쓰는 만능 패턴

입어 볼 수 있나요?	➡	크어이 쓰츄안 마?
		Kěyǐ shìchuān ma?
		可以 试穿 吗?

- 착용해 볼 수 있나요? ➡ 크어이 쓰따이 마?
  Kěyǐ shìdài ma?
  可以 试戴 吗?
  모자, 신발, 선글라스 등을 착용할 때 말해보세요.

- 맛 볼 수 있나요? ➡ 크어이 챵챵 마?
  Kěyǐ chángchang ma?
  尝尝

- 자세히 볼 수 있나요? ➡ 크어이 칸칸 마?
  Kěyǐ kànkan ma?
  看看

- 테스트해 볼 수 있나요? ➡ 크어이 쓰쓰 마?
  Kěyǐ shìshi ma?
  试试

1 상품 고르기

3 다른 상품을 보고 싶을 때 쓰는 만능 패턴

더 작은 거 있나요?	→	요우 샤오디알더 마?
		Yǒu xiǎo diǎnr de ma?
		有 小点儿的 吗?

- 더 큰 거 있나요? → 요우 따디알더 마?
  Yǒu dà diǎnr de ma?
  有 大点儿的 吗?

- 더 저렴한 거 있나요? → 요우 피엔이디알더 마?
  Yǒu piányi diǎnr de ma?
  便宜点儿的

- 검은색 있나요? → 요우 헤이쓰어 마?
  Yǒu hēisè ma?
  黑色

- 흰색 있나요? → 요우 바이쓰어 마?
  Yǒu báisè ma?
  白色

4 구매할 상품을 정했을 때 쓰는 만능 패턴

스몰 사이즈로 주세요.	→	워야오 샤오하오.
		Wǒ yào xiǎohào.
		我要 小号。

- 미디움 사이즈로 주세요. → 워야오 쭝하오.
  Wǒ yào zhōnghào.
  我要 中号。

- 라지 사이즈로 주세요. → 워야오 따하오.
  Wǒ yào dàhào.
  大号

- 240mm로 주세요. → 워야오 싼슬빠마.
  Wǒ yào sānshíbā mǎ.
  P.109 '중국은 차이나' 참고
  38码

- 이걸로 주세요. → 워야오 쩌거.
  Wǒ yào zhège.
  这个

고대로 써먹는 생존 문장

- 저기요, 사장님 ┈┈┈▶ **니하오, 라오반.**
  Nǐ hǎo, lǎobǎn.
  你好, 老板。

- 혼자 좀 볼게요. ┈┈┈▶ **워 수이삐엔 칸칸.**
  Wǒ suíbiàn kànkan.
  我 随便 看看。

- 괜찮네요. ┈┈┈▶ **하이 부추어.**
  Hái búcuò.
  还 不错。

- 구매하고 싶지 않을 때
  다른 곳도 둘러볼게요. ┈┈┈▶ **워 짜이 꽝광.**
  Wǒ zài guàngguang.
  我 再 逛逛。

🇨🇳 중국은 차이나

중국의 신발 사이즈는 한국과 표기법이 많이 달라요!

중국에서 신발을 구매할 때는 아래 사이즈 표를 참고하세요.

한국	220mm	225mm	230mm	235mm	240mm	245mm	250mm
중국	34码 (싼슬쓰마, sānshísì mǎ)	35码 (싼슬우마, sānshíwǔ mǎ)	36码 (싼슬리우마, sānshíliù mǎ)	37码 (싼슬치마, sānshíqī mǎ)	38码 (싼슬빠마, sānshíbā mǎ)	39码 (싼슬지우마, sānshíjiǔ mǎ)	40码 (쓰스마, sìshí mǎ)
한국	255mm	260mm	265mm	270mm	275mm	280mm	285mm
중국	41码 (쓰슬이미, sìshíyī mǎ)	42码 (쓰슬일마, sìshí'èr mǎ)	43码 (쓰슬싼마, sìshísān mǎ)	44码 (쓰슬쓰마, sìshísì mǎ)	45码 (쓰슬우마, sìshíwǔ mǎ)	46码 (쓰슬리우마, sìshíliù mǎ)	47码 (쓰슬치마, sìshíqī mǎ)

※ 중국 신발 사이즈 = (한국 신발 사이즈 - 50) ÷ 5

2 가격 문의 및 계산하기

▲ MP3 바로듣기

모두 얼마예요?
이꽁 뚜어샤오치엔?

한 단어로 통해요!

얼마 **뚜어샤오** 多少 duōshao	다해서, 총 **이꽁** 一共 yígòng
비싸다 **꾸이** 贵 guì	싸게, 저렴하게 **피엔이디알** 便宜点儿 piányi diǎnr
카드 결제 **슈아카** 刷卡 shuākǎ	앱 결제 **쇼우찌 쯜푸** 手机支付 shǒujī zhīfù
영수증 **샤오피아오** 小票 xiǎopiào	세금 환급 **투이쓔이** 退税 tuìshuì

1 가격을 문의할 때 쓰는 만능 패턴

| 모두 얼마예요? | → | 이꽁 뚜어샤오치엔?
Yígòng duōshao qián?
一共   多少钱? |

- 하나 는 얼마예요? → 이거 뚜어샤오치엔?
  Yí ge duōshao qián?
  一个   多少钱?

- 한 근 은 얼마예요? → 이찐 뚜어샤오치엔? *중국의 한 근은 500g이에요.*
  Yì jīn duōshao qián?
  一斤

- 이렇게 는 얼마예요? → 쪄양 뚜어샤오치엔?
  Zhèyàng duōshao qián?
  这样

- 이거 는 얼마예요? → 쪄거 뚜어샤오치엔?
  Zhège duōshao qián?
  这个

2 흥정할 때 쓰는 만능 패턴

| 싸게 해주 세요. | → | 칭 피엔이디알 .
Qǐng piányi diǎnr.
请   便宜点儿。 |

- 조금 더 싸게 해주 세요. → 칭 짜이 피엔이디알 .
  Qǐng zài piányi diǎnr.
  请   再便宜点儿。

- 조금만 더 주 세요. → 칭 뚜어게이디알 .
  Qǐng duō gěi diǎnr.
  多给点儿

- 사은품 좀 주 세요. → 칭 쏭디알 쩡핀 .
  Qǐng sòng diǎnr zèngpǐn.
  送点儿赠品

2 가격 문의 및 계산하기 111

3 포장을 요청할 때 쓰는 만능 패턴

봉투 에 담아주세요. → 칭 쮸앙짜이 **따이즈리**.
Qǐng zhuāng zài dàizi lǐ.
请 装在 袋子里。

- **큰 봉투** 에 담아주세요. → 칭 쮸앙짜이 **따더 따이즈리**.
  Qǐng zhuāng zài dà de dàizi lǐ.
  请 装在 大的袋子里。

- **쇼핑백** 에 담아주세요. → 칭 쮸앙짜이 **즐따이리**.
  Qǐng zhuāng zài zhǐdài lǐ.
  纸袋里

- **선물 상자** 에 담아주세요. → 칭 쮸앙짜이 **리우흐어즈리**.
  Qǐng zhuāng zài lǐwù hézi lǐ.
  礼物盒子里

- **여기** 에 담아주세요. → 칭 쮸앙짜이 **쪄리**. *(가방, 봉투, 쇼핑백을 내밀며 말해보세요.)*
  Qǐng zhuāng zài zhèli.
  这里

4 결제를 요청할 때 쓰는 만능 패턴

카드 결제로 할게요. → 워야오 **쓔아카**.
Wǒ yào shuākǎ.
我要 刷卡。

- **앱 결제로** 할게요. → 워야오 **쇼우찌 쯜푸**.
  Wǒ yào shǒujī zhīfù.
  我要 手机支付。

- **카카오 페이로** 할게요. → 워야오 **용 카카오 페이**. *(지원되는 곳이 간혹 있어요.)*
  Wǒ yào yòng KAKAO PAY.
  用 KAKAO PAY

- **현금으로** 할게요. → 워야오 **용 씨엔찐**.
  Wǒ yào yòng xiànjīn.
  用现金

- **이 카드로** 할게요. → 워야오 **용 쪄짱카**.
  Wǒ yào yòng zhè zhāng kǎ.
  用这张卡

고대로 써먹는 생존 문장

- 너무 비싸요.
  → 타이꾸이러.
  Tài guì le.
  太贵了。

- 이것만 살게요.
  → 워 즐마이 쪄거.
  Wǒ zhǐ mǎi zhège.
  我 只买 这个。

- 결제 부탁드립니다.
  → 칭 빵워 지에쨩.
  Qǐng bāng wǒ jiézhàng.
  请 帮我 结账。

- 할인된 건가요?
  → 쪄쓸 다완져더마?
  Zhè shì dǎ wán zhé de ma?
  这是 打完折的吗?

중국은 차이나

중국의 할인은 '정가의 N/10'이에요!

한국에서는 할인 표기법이 100을 기준으로 '몇 퍼센트 할인'이지만, 중국에서는 10을 기준으로 '원래 가격의 10분의 몇'으로 표기해요. 예를 들어 20% 할인은 打8折라고 표기하는데, 打折는 '할인하다'란 뜻이고 打와 折 사이에 숫자를 넣으면 'N/10 가격만 받습니다'라는 뜻이 돼요.

3 교환·환불·세금 환급 요청하기

▲ MP3 바로듣기

교환하고 싶어요.
워야오 환샹핀.

한 단어로 통해요!

교환	환	換 huàn	환불	투이치엔 退钱 tuìqián
세금 환급	투이쉬이	退税 tuìshuì	방금	깡깡 刚刚 gānggāng
다른 색상	비에더 옌쓰어	別的颜色 biéde yánsè	다른 사이즈	비에더 따샤오 別的大小 biéde dàxiǎo
불량품	츠핀	次品 cìpǐn	망가졌다	화이러 坏了 huài le

1 요구 사항을 말할 때 쓰는 만능 패턴

교환하고 싶어요. ➡ 워야오 **환쌍핀**.
Wǒ yào huàn shāngpǐn.
我要 换商品。

- **환불하**고 싶어요. ➡ 워야오 **투이치엔**.
Wǒ yào tuìqián.
我要 退钱。

- **일부 환불하**고 싶어요. ➡ 워야오 **투이 이뿌펀 치엔**.
Wǒ yào tuì yíbùfen qián.
退一部分钱

- **세금 환급받**고 싶어요. ➡ 워야오 **투이쑤이**.
Wǒ yào tuìshuì.
退税

2 다른 상품으로 교환하고 싶을 때 쓰는 만능 패턴

검은색으로 교환할 수 있나요? ➡ 크어이 환청 **헤이쓰어** 마?
Kěyǐ huànchéng hēisè ma?
可以 换成 黑色 吗?

- **큰 사이즈**로 교환할 수 있나요? ➡ 크어이 환청 **따하오** 마?
Kěyǐ huànchéng dàhào ma?
可以 换成 大号 吗?

- **작은 사이즈**로 교환할 수 있나요? ➡ 크어이 환청 **샤오하오** 마?
Kěyǐ huànchéng xiǎohào ma?
小号

- **새것**으로 교환할 수 있나요? ➡ 크어이 환청 **씬더** 마?
Kěyǐ huànchéng xīn de ma?
新的

- **다른 물건**으로 교환할 수 있나요? ➡ 크어이 환청 **비에더 똥시** 마?
Kěyǐ huànchéng biéde dōngxi ma?
别的东西

3 상품이 불량일 때 쓰는 만능 패턴

이거 작동이 안 돼요. ➡ 쪄거 메이요우 판잉.
Zhège méiyǒu fǎnyìng.
这个 没有反应。

- 이거 망가졌어요. ➡ 쪄거 화이러. (음식이 상했을 때에도 말할 수 있어요.)
  Zhège huài le.
  这个 坏了。

- 이거 뭐가 묻었어요. ➡ 쪄거 짱러.
  Zhège zāng le.
  脏了

- 이거 이상한 냄새가 나요. ➡ 쪄거 요우 쵸우월.
  Zhège yǒu chòuwèir.
  有臭味儿

- 이거 문제 있어요. ➡ 쪄거 요우원티.
  Zhège yǒu wèntí.
  有问题

4 세금 환급을 요청할 때 쓰는 만능 패턴

세금 환급해 주세요. ➡ 칭 게이워 투이쉐이.
Qǐng gěi wǒ tuìshuì.
请 给我 退税。

- 영수증 주세요. ➡ 칭 게이워 샤오피아오. (세금 환급에 필요한 서류들을 꼭 챙기세요!)
  Qǐng gěi wǒ xiǎopiào.
  请 给我 小票。

- 세금계산서 주세요. ➡ 칭 게이워 파피아오. (f발음으로 읽어요!)
  Qǐng gěi wǒ fāpiào.
  发票

- 출국 환급 신청서 주세요. ➡ 칭 게이워 투이쉐이 썬칭비아오.
  Qǐng gěi wǒ tuìshuì shēnqǐngbiǎo.
  退税申请表

- 사용 안 했어요.   ⋯⋯⋯▷ **워 하이메이 슬용.**
   Wǒ   hái méi   shǐyòng.
   我   还没   使用。

- 영수증은 없어요.   ⋯⋯⋯▷ **워 메이요우 샤오피아오.**
   Wǒ   méiyǒu   xiǎopiào.
   我   没有   小票。

- 안되나요?   ⋯⋯⋯▷ **뿌싱마?**
   Bùxíng ma?
   不行吗?

- 다 됐나요?   ⋯⋯⋯▷ **농완러마?**
   Nòng wán le ma?
   弄完了吗?

🇨🇳 중국은 차이나

중국 여행 선물은 이런 것들이 좋아요!

과자 Lay's 오이 맛(乐事黄瓜味), 오레오(奥利奥) 과일 밋, 초고쏭이 팥 맛(蘑古力红豆味)은 중국에서만 판매되는 맛으로, 쉽게 구할 수 있고 가격도 저렴해요. 만약 귀국날까지도 선물을 사지 못했다면, 공항 면세점에서 마오타이(茅台), 우량예(五粮液) 등의 중국 술 또는 토끼 사탕 따바이투(大白兔奶糖)를 구매해 선물해보세요.

3 교환·환불·세금 환급 요청하기

해커스 여행중국어 10분의 기적

07

긴급상황

1. 아프거나 다쳤을 때
2. 분실하거나 도난당했을 때

1 아프거나 다쳤을 때

▲ MP3 바로듣기

감기약 주세요.
워야오 간마오야오.

한 단어로 통해요!

병원	이위엔	医院 yīyuàn	약국 야오띠엔	药店 yàodiàn
가장 가까운	쭈이찐더	最近的 zuì jìn de	몸이 안 좋다, 불편하다 뿌슈푸	不舒服 bù shūfu
감기	간마오	感冒 gǎnmào	열이 나다 파샤오	发烧 fāshāo
설사하다	라 뚜즈	拉肚子 lā dùzi	소화제 샤오화야오	消化药 xiāohuàyào

1 약을 구매할 때 쓰는 만능 패턴

감기약	주세요.	➡	워야오 간마오야오 .
			Wǒ yào gǎnmàoyào.
			我要 感冒药。

- 해열제 주세요. ➡ 워야오 투이샤오야오 .
  Wǒ yào   tuìshāoyào.
  我要   退烧药。

- 소화제 주세요. ➡ 워야오 샤오화야오 .
  Wǒ yào   xiāohuàyào.
           消化药

- 설사약 주세요. ➡ 워야오 즐씨에야오 .
  Wǒ yào   zhǐxièyào.
           止泻药

- 반창고 주세요. ➡ 워야오 촹크어티에 .
  Wǒ yào   chuāngkětiē.
           创可贴

2 증상이 어떤지 말할 때 쓰는 만능 패턴

열이 나	요.	➡	워 파샤오 러.
			Wǒ fāshāo le.
			我 发烧 了。

- 설사했 어요. ➡ 워 라 뚜즈 러.
  Wǒ lā dùzi le.
  我   拉肚子   了。

- 발을 삐었 어요. ➡ 워 쟈오 니우 러.
  Wǒ jiǎo niū le.
      脚扭

- 구토를 했 어요. ➡ 워 오우투 러.
  Wǒ ǒutu le.
      呕吐

- 피부 알레르기가 났 어요. ➡ 워 피푸 꾸어민 러. *(f발음으로 읽어요!)*
  Wǒ pífū guòmǐn le.
      皮肤过敏

3 아픈 부위를 말할 때 쓰는 만능 패턴

| 머리 가 아파요. | → | 토우 헌텅.
Tóu hěn téng.
头 很疼. |

- 배 가 아파요. → 뚜즈 헌텅.
  Dùzi hěn téng.
  肚子 很疼.

- 다리 가 아파요. → 투이 헌텅.
  Tuǐ hěn téng.
  腿

- 허리 가 아파요. → 야오 헌텅.
  Yāo hěn téng.
  腰

- 목구멍 이 아파요. → 허우룽 헌텅.
  Hóulóng hěn téng.
  喉咙

4 병원·약국의 위치를 물어볼 때 쓰는 만능 패턴

| 병원 은 어디에 있나요? | → | 이위엔 짜이날?
Yīyuàn zài nǎr?
医院 在哪儿? |

- 국제 병원 은 어디에 있나요? → 구어찌이위엔 짜이날?
  Guójì yīyuàn zài nǎr?
  国际医院 在哪儿?

- 약국 은 어디에 있나요? → 야오띠엔 짜이날?
  Yàodiàn zài nǎr?
  药店

- 응급실 은 어디에 있나요? → 지젼슬 짜이날?
  Jízhěnshì zài nǎr?
  急诊室

- 소아과 는 어디에 있나요? → 얼크어 짜이날?
  Érkē zài nǎr?
  儿科

고대로 써먹는 생존 문장

- 한국인이에요. ┈┈> 워쓸 한구어런.
  Wǒ shì Hánguórén.
  我是 韩国人。

- 심각한가요? ┈┈> 옌쯍마?
  Yánzhòng ma?
  严重吗?

- 항생제 알레르기가 있어요. ┈┈> 워뚜이 캉셩쑤 꾸어민.
  Wǒ duì kàngshēngsù guòmǐn.
  我对 抗生素 过敏。

- 구급차를 불러주세요. ┈┈> 칭찌아오 찌우후쳐.
  Qǐng jiào jiùhùchē.
  请叫 救护车。

중국은 차이나

중국은 종합 병원이 더 흔해요!

우리나라는 개인 병원이 많지만, 중국은 개인 병원보다 종합 병원이 더 흔해요. 보통 인민병원(人民医院), 제1병원(第一医院)과 같은 이름을 가지고 있어요. 이런 병원들은 우리나라의 대학 병원처럼 크고 다양한 전문 분야를 갖추고 있어요.

2 분실하거나 도난당했을 때

▲ MP3 바로듣기

지갑을 잃어버렸어요.
워더 치엔빠오 띠우러.

한 단어로 통해요!

경찰 **징챠** 警察 jǐngchá		신고 **빠오징** 报警 bàojǐng	
잃어버리다 **띠우러** 丢了 diū le		도난당하다 **뻬이 토우러** 被偷了 bèi tōu le	
휴대폰 **쇼우찌** 手机 shǒujī		여권 **후쨔오** 护照 hùzhào	
지갑 **치엔빠오** 钱包 qiánbāo		가방 **빠오** 包 bāo	

1 분실한 물건을 알려줄 때 쓰는 만능 패턴

지갑을 잃어버렸어요. → 워더 **치엔빠오** 띠우러.
　　　　　　　　　　　　Wǒ de　qiánbāo　diū le.
　　　　　　　　　　　　我的　　钱包　　丢了。

- **여권**을 잃어버렸어요. → 워더 **후쨔오** 띠우러.
　　　　　　　　　　　Wǒ de　hùzhào　diū le.
　　　　　　　　　　　我的　　护照　　丢了。

- **신용카드**를 잃어버렸어요. → 워더 **씬용카** 띠우러.
　　　　　　　　　　　　　Wǒ de　xìnyòngkǎ　diū le.
　　　　　　　　　　　　　　　　信用卡

- **캐리어**를 잃어버렸어요. → 워더 **싱리썅** 띠우러.
　　　　　　　　　　　　Wǒ de　xínglixiāng　diū le.
　　　　　　　　　　　　　　　行李箱

- **반지**를 잃어버렸어요. → 워더 **찌에즐** 띠우러.
　　　　　　　　　　　Wǒ de　jièzhi　diū le.
　　　　　　　　　　　　　戒指

2 분실한 장소를 알려줄 때 쓰는 만능 패턴

휴대폰을 **지하철**에 두고 왔어요. → 워바 쇼우찌 라짜이 **띠티에샹** 러.
　　　　　　　　　　　　　　　　Wǒ bǎ　shǒujī　là zài　dìtiě shàng　le.
　　　　　　　　　　　　　　　　我把　手机　落在　　地铁上　　了。

- 휴대폰을 **택시**에 두고 왔어요. → 워바 쇼우찌 라짜이 **츄쭈쳐샹** 러.
　　　　　　　　　　　　　　Wǒ bǎ　shǒujī　là zài　chūzūchē shàng le.
　　　　　　　　　　　　　　我把　手机　落在　　出租车上　　了。

- 휴대폰을 **버스**에 두고 왔어요. → 워바 쇼우찌 라짜이 **꽁찌아오쳐샹** 러.
　　　　　　　　　　　　　　Wǒ bǎ　shǒujī　là zài　gōngjiāochē shàng le.
　　　　　　　　　　　　　　　　　　　　　　　　公交车上

- 휴대폰을 **호텔**에 두고 왔어요. → 워바 쇼우찌 라짜이 **지우띠엔리** 러.
　　　　　　　　　　　　　　Wǒ bǎ　shǒujī　là zài　jiǔdiàn lǐ　le.
　　　　　　　　　　　　　　　　　　　　　　　酒店里

- 휴대폰을 **화장실**에 두고 왔어요. → 워바 쇼우찌 라짜이 **시쇼우찌엔리** 러.
　　　　　　　　　　　　　　　Wǒ bǎ　shǒujī　là zài　xǐshǒujiān lǐ　le.
　　　　　　　　　　　　　　　　　　　　　　　　洗手间里

3 도난당한 물건을 알려줄 때 쓰는 만능 패턴

| 가방 을 도난당했어요. | ➡ | 워더 빠오 뻬이 토우러.
Wǒ de bāo bèi tōu le.
我的 包 被 偷了。 |

- 현금 을 도난당했어요. ➡ 워더 치엔 뻬이 토우러.
  Wǒ de qián bèi tōu le.
  我的 钱 被 偷了。

- 카메라 를 도난당했어요. ➡ 워더 쨔오쌍찌 뻬이 토우러.
  Wǒ de zhàoxiàngjī bèi tōu le.
  照相机

- 스마트 워치 를 도난당했어요. ➡ 워더 쯜넝 쇼우비아오 뻬이 토우러.
  Wǒ de zhìnéng shǒubiǎo bèi tōu le.
  智能手表

- 태블릿PC 를 도난당했어요. ➡ 워더 핑반 띠엔나오 뻬이 토우러.
  Wǒ de píngbǎn diànnǎo bèi tōu le.
  平板电脑

4 개인 정보를 알려줄 때 쓰는 만능 패턴

| 여기 제 연락처 입니다. | ➡ | 쩌쓸 워더 리엔씨팡쓸.
Zhè shì wǒ de liánxì fāngshì.
这是 我的 联系方式。 |

- 여기 제 여권 입니다. ➡ 쩌쓸 워더 후짜오.
  Zhè shì wǒ de hùzhào.
  这是 我的 护照。

- 여기 제 휴대폰 번호 입니다. ➡ 쩌쓸 워더 쇼우찌하오.
  Zhè shì wǒ de shǒujīhào.
  手机号

- 여기 제 숙소 주소 입니다. ➡ 쩌쓸 워더 쮸쑤 띠즐.
  Zhè shì wǒ de zhùsù dìzhǐ.
  住宿地址

- 여기 제 이메일 입니다. ➡ 쩌쓸 워더 요우씨앙.
  Zhè shì wǒ de yóuxiāng.
  邮箱

고대로 써먹는 생존 문장

- 도와주세요. ········▷ **칭 빵워 이씨아.**
  Qǐng bāng wǒ yíxià.
  请 帮我 一下。

- 경찰에 신고해주세요. ········▷ **칭 빵워 빠오징.**
  Qǐng bāng wǒ bàojǐng.
  请 帮我 报警。

- 기억이 안 나요. ········▷ **워 찌부치라이.**
  Wǒ jì bu qǐlai.
  我 记不起来。

- 부탁드려요. ········▷ **빠이투어러.**
  Bàituō le.
  拜托了。

🇨🇳 중국은 차이나

긴급 구조 요청 번호를 미리미리 알아둬요!

중국에서 경찰 신고는 110, 화재 신고는 119, 앰뷸런스 호출 등의 긴급 구조 신고는 120을 누르면 돼요. 또 관광안내센터(12301)에 문의하면 여행 관련 정보나 도움을 얻을 수 있어요. 이렇게 사건·사고로 신고하게 되면 한국어 통역이 필요할 수도 있으니, 방문 지역 한국 영사관 전화번호도 미리 알아두세요.

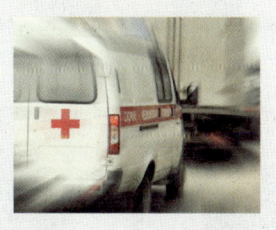

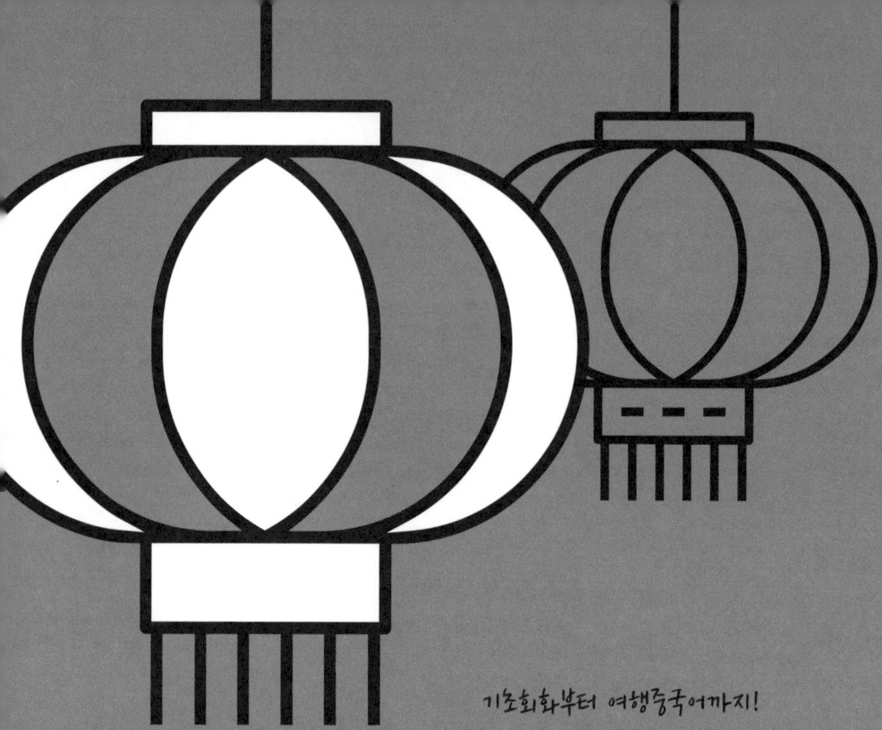

기초회화부터 여행중국어까지!
해커스중국어 무료강의
china.Hackers.com

 **부록**

여행이 더 편해지는 중국어

01 가장 많이 쓰게 될 10문장
02 가장 많이 듣게 될 10문장
03 한눈에 보는 숫자 표현
04 쉽게 따라 쓰는 입국신고서 작성법

01 가장 많이 쓰게 될 10문장

① 안녕하세요. / 저기요~
니하오.
Nǐ hǎo.
你好。

② 감사합니다.
씨에시에.
Xièxie.
谢谢。

③ 안녕히 계세요.
짜이찌엔.
Zàijiàn.
再见。

④ 죄송합니다.
뚜이부치.
Duì bu qǐ.
对不起。

⑤ 말씀 좀 여쭐게요.
칭원.
Qǐngwèn.
请问。

⑥ 잘 못 알아듣겠어요.
팅부동.
Tīng bu dǒng.
听不懂。

⑦ 필요 없어요.
부야오.
Bú yào.
不要。

⑧ 얼마예요?
뚜오샤오치엔?
Duōshao qián?
多少钱?

⑨ 도와주세요.
칭 빵워 이씨아.
Qǐng bāng wǒ yíxià.
请 帮我 一下。

⑩ 괜찮습니다.
메이쓸.
Méishì.
没事。

02 가장 많이 듣게 될 10문장

① 알겠습니다.

하오더.
Hǎo de.
好的。

② 잠시만 기다리세요.

칭 샤오덩. / 덩이씨아.
Qǐng shāoděng. / Děng yíxià.
请 稍等。 / 等一下。

③ 네? / 뭐라고요?

션머?
Shénme?
什么?

④ 천만에요.

부용씨에.
Búyòng xiè.
不用谢。

⑤ 있어요.

요우.
Yǒu.
有。

⑥ 없어요.

메이요우.
Méiyǒu.
没有。

⑦ 맞아요.

쓸(더). / 뚜이.
Shì (de). / Duì.
是(的)。 / 对。

⑧ 아니에요.

부쓸.
Búshì.
不是。

⑨ 돼요. / 가능해요.

크어이. / 싱.
Kěyǐ. / Xíng.
可以。 / 行。

⑩ 안 돼요.

뿌크어이. / 뿌싱.
Bù kěyǐ. / Bùxíng.
不可以。 / 不行。

03 한눈에 보는 숫자 표현

① 기본 숫자

1	이 yī 一	13	슬싼 shísān 十三
2	얼 èr 二	14	슬쓰 shísì 十四
3	싼 sān 三	15	슬우 shíwǔ 十五
4	쓰 sì 四	16	슬리우 shíliù 十六
5	우 wǔ 五	17	슬치 shíqī 十七
6	리우 liù 六	18	슬빠 shíbā 十八
7	치 qī 七	19	슬지우 shíjiǔ 十九
8	빠 bā 八	20	얼슬 èr shí 二十
9	지우 jiǔ 九	0	링 líng 零
10	슬 shí 十	100	이바이 yì bǎi 一百
11	슬이 shíyī 十一	1000	이치엔 yì qiān 一千
12	슬얼 shí'èr 十二	10000	이완 yí wàn 一万

단위로 쓸 때는 '이'(一, yī)를 빼고 말하세요.

예시 8365

8(빠)+1000(치엔)   3(싼)+100(바이)   6(리우)+10(슬)

빠치엔 싼바이 리우슬 우
bā qiān sān bǎi liùshí wǔ
八千   三百   六十 五

② 가격

위안	콰이 kuài 块
마오(0.1위안)	마오 máo 毛
펀(0.01위안)	펀 fēn 分
[예시] 6.78위안	리우 콰이 치 마오 파 펀 liù kuài qī máo bā fēn 六 块 七 毛 八 分

③ 날짜

년	니엔 nián 年
월	위에 yuè 月
일	하오 hào 号
[예시] 2025년 3월 1일	한 자리씩 읽어요. 얼 링 얼 우 니엔 싼 위에 이 하오 èr líng èr wǔ nián sān yuè yī hào 二 零 二 五 年 三 月 一 号

④ 시간

시	디엔 diǎn 点
분	펀 fēn 分
[예시] 12시 45분	슬일 디엔 쓰슬우 펀 shí'èr diǎn sìshíwǔ fēn 十二 点 四十五 分

04 쉽게 따라 쓰는 입국신고서 작성법

1 입국신고서가 뭐예요?
입국신고서는 중국에 입국하기 위해서 필수로 작성해야 하는 서류이며, 입국자의 기본 사항 등을 파악하기 위한 서류예요.

2 입국신고서는 어디에서 받아요?
보통 비행기 안에서 나눠주거나 입국심사대 앞에 구비되어 있어요.

3 입국신고서는 어떻게 작성해요?
아래 예시를 참고하여 작성하세요.

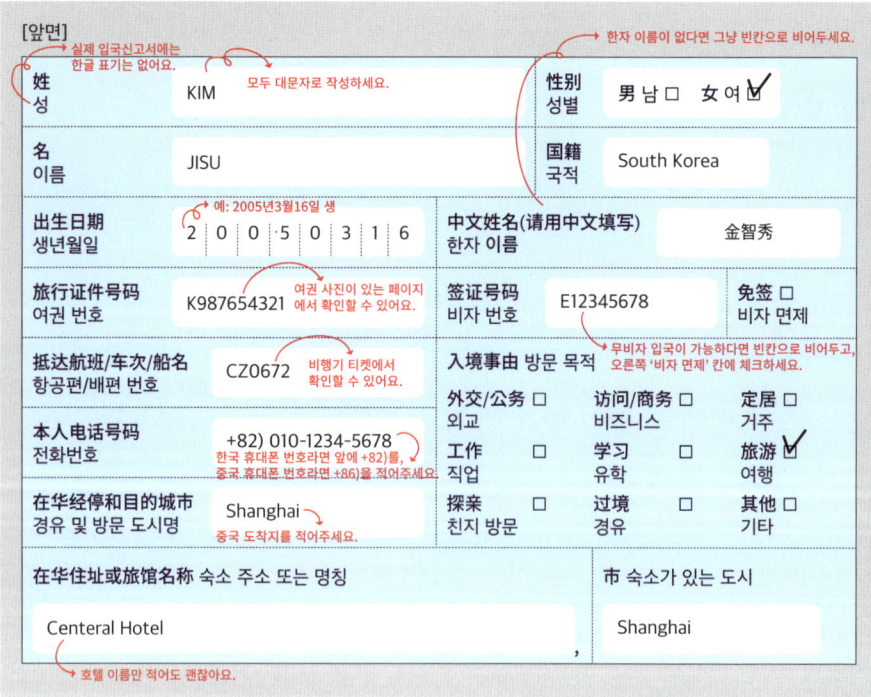

4 입국신고서는 어디에 제출해요?
입국 심사를 할 때, 여권과 함께 작성을 완료한 입국신고서를 제출하면 돼요.

[뒷면]

1. 您是否定妥处境行程？如是，请填写具体安排。 是 예 ✓ 否 아니오 ☐
   출국 일정이 정해져 있나요?

   出境时间 출국 시간   出境航班/车次/船名 항공편 번호
   ↳ 출국 일정이 정해지지 않았다면 빈칸으로 비워두세요.
   2 0 2 5 / 1 2 / 3 1   CZ6503

2. 您是否有中方邀请单位或邀请人？如有，请填写其联系信息。 是 예 ☐ 否 아니오 ✓
   중국에서 초대한 단체나 사람이 있나요?

   名称 단체명 또는 개인의 이름   地址及联系电话 주소 및 연락처
                                                              ↳ 초대한 사람이 있다면 '예'에 체크하세요.
   ↳ 초대한 사람의 이름, 주소 및 연락처를 적어주세요.

3. 您在过去两年曾去过哪些国家（地区）？
   2년 내 방문한 국가가 있나요?

   JAPAN → 입국 심사 시 여권을 확인해보기 때문에, 방문한 국가는 모두 적어주세요.

   我保证以上申明真实准确，知晓如不如实申报将承担相应法律责任。
   상기 내용은 사실이며, 만약 허위로 신고할 경우 법적 책임을 진다는 것을 알고 있습니다.

   签名
   서명   KIM JISU
            ↳ 영어 이름으로 서명해주세요.

급할 때 바로 찾아 말하는 여행 문장 사전

ㄱ

가깝게 찐디알 近点儿 jìn diǎnr
- 더 가깝게 찍어 주실 수 있나요? 98
  크어이 파이더 껑찐디알 마?
  可以拍得更近点儿吗? Kěyǐ pāi de gèng jìn diǎnr ma?

가방 가방 包 bāo
- 가방을 도난당했어요. 126
  워더 빠오 뻬이 토우러.
  我的包被偷了。Wǒ de bāo bèi tōu le.
- 제 가방이 비행기에 있어요. 17
  워더 빠오 짜이 페이찌샹.
  我的包在飞机上。Wǒ de bāo zài fēijī shang.

가시 츠 刺 cì
- 여기에서 가시가 나왔어요. 83
  쩌리 요우 츠.
  这里有刺。Zhèli yǒu cì.

가위 지엔따오 剪刀 jiǎndāo
- 가위 있나요? 80
  요우 지엔따오마?
  有剪刀吗? Yǒu jiǎndāo ma?

가장 빠른 쭈이콰이 最快 zuì kuài
- 가장 빠른 걸로 주세요. 35
  워야오 쭈이콰이더.
  我要最快的。Wǒ yào zuì kuài de.

가장, 제일 쭈이 最 zuì
- 가장 매운 맛으로 주세요. 63
  워야오 쭈이라더.
  我要最辣的。Wǒ yào zuì là de.

가져가다 시에따이 携带 xiédài
- 이 캐리어 가져갈게요. 9
  워야오 시에따이 쩌거싱리.
  我要携带这个行李。Wǒ yào xiédài zhège xíngli.

간지럽다 양 痒 yǎng
- 조금 간지러워요. 102
  요우디알 양.
  有点儿痒。Yǒudiǎnr yǎng.

감기약 간마오야오 感冒药 gǎnmàoyào
- 감기약 주세요. 121
  워야오 간마오야오.
  我要感冒药。Wǒ yào gǎnmàoyào.

감자튀김 슈티아오 薯条 shǔtiáo
- 감자튀김 추가해주세요. 68
  워야오 찌아 슈티아오.
  我要加薯条。Wǒ yào jiā shǔtiáo.

같이 이치 一起 yìqǐ
- 같이 앉을게요. 11
  워먼샹 쭈어짜이 이치.
  我们想坐在一起。Wǒmen xiǎng zuòzài yìqǐ.

검은색 헤이쓰어 黑色 hēisè
- 검은색 있나요? 108
  요우 헤이쓰어 마?
  有黑色吗? Yǒu hēisè ma?
- 검은색으로 교환할 수 있나요? 115
  크어이 환청 헤이쓰어마?
  可以换成黑色吗? Kěyǐ huànchéng hēisè ma?

계산하다 마이딴 买单 mǎi, **푸** 付 fù
- 계산할게요. 87
  워야오 마이딴.
  我要买单。Wǒ yào mǎidān.
- 따로 계산할게요. 88
  워먼 펀카이 푸.
  我们分开付。Wǒmen fēnkāi fù.
- 이 카드로 계산할게요. 88
  워먼 용 쩌짱카푸.
  我们用这张卡付。Wǒmen yòng zhè zhāng kǎ fù.

- 한 번에 계산할게요. 88
  워먼 이치 푸.
  我们一起付。Wǒmen yìqǐ fù.

고기 러우 肉 ròu

- 고기가 들어가지 않은 요리가 뭐예요? 60
  부팡 러우더 차이 쓸션머?
  不放肉的菜是什么？Bú fàng ròu de cài shì shénme?

고수 썅차이 香菜 xiāngcài

- 고수는 빼주세요. 61
  부야오 팡 썅차이.
  不要放香菜。Búyào fàng xiāngcài.

고장났다 화이러 坏了 huài le

- 팔걸이가 고장났어요. 14
  워더 푸쇼우 화이러.
  我的扶手坏了。Wǒ de fúshǒu huài le.

공연 비아오옌 表演 biǎoyǎn

- 공연은 언제 시작하나요? 97
  비아오옌 션머슬호우 카이슬?
  表演什么时候开始？Biǎoyǎn shénme shíhou kāishǐ?

공원 꽁위엔 公园 gōngyuán

- 공원은 어떻게 가나요? 24
  꽁위엔 전머조우?
  公园怎么走？Gōngyuán zěnme zǒu?

공항 찌챵 机场 jīchǎng

- 공항 가나요? 31
  취 찌챵마?
  去机场吗？Qù jīchǎng ma?
- 공항은 어떻게 가나요? 24
  찌챵 전머조우?
  机场怎么走？Jīchǎng zěnme zǒu?

공항 샌딩 쏭찌 送机 sòngjī

- 공항 샌딩 서비스를 원해요. 46
  워야오 쏭찌 푸우.
  我要送机服务。Wǒ yào sòngjī fúwù.

공항 픽업 찌에찌 接机 jiējī

- 공항 픽업 서비스를 원해요. 46
  워야오 찌에찌 푸우.
  我要接机服务。Wǒ yào jiējī fúwù.

공항버스 찌챵따바 机场大巴 jīchǎng dàbā

- 공항버스 타고 갈 수 있나요? 24
  크어이 쭈어 찌챵따바 취마?
  可以坐机场大巴去吗？Kěyǐ zuò jīchǎng dàbā qù ma?

괜찮다 부추어 不错 búcuò

- 괜찮네요. 109
  하이 부추어.
  还不错。Hái búcuò.

교환하다 환 换 huàn

- 교환하고 싶어요. 115
  워야오 환샹핀.
  我要换商品。Wǒ yào huàn shāngpǐn.

구급차 찌우후쳐 救护车 jiùhùchē

- 구급차를 불러주세요. 123
  칭쨔오 찌우후쳐.
  请叫救护车。Qǐng jiào jiùhùchē.

구매하다 마이 买 mǎi

- 표를 구매하고 싶어요. 18
  워야오 마이 피아오.
  我要买票。Wǒ yào mǎi piào.

구토하다 오우투 呕吐 ǒutù

- 구토를 했어요. 121
  워 오우투러.
  我呕吐了。Wǒ ǒutù le.

국자 탕샤오 汤勺 tāngsháo

- 국자 있나요? 64
  요우 탕샤오마?
  有汤勺吗？Yǒu tāngsháo ma?

국제 병원 구어찌이위엔 国际医院 guójì yīyuàn

- 국제 병원은 어디에 있나요? 122
  구어찌이위엔 짜이날?
  国际医院在哪儿？Guójì yīyuàn zài nǎr?

그릇 완 碗 wǎn

- 그릇 좀 바꿔주세요. 79
  환이씨아 완.
  换一下碗。Huàn yíxià wǎn.

- 그릇 하나 더 주세요. 79
  짜이게이워 거 완.
  再给我个碗。Zài gěi wǒ ge wǎn.

- 한 그릇 주세요. 59
  워야오 이완.
  我要一碗。Wǒ yào yì wǎn.

금고 바오시엔꾸이 保险柜 bǎoxiǎnguì

- 금고를 어떻게 사용하나요? 50
  바오시엔꾸이 전머용?
  保险柜怎么用？Bǎoxiǎnguì zěnme yòng?

금연 룸 우옌팡 无烟房 wúyānfáng

- 금연 룸으로 주세요. 42
  워야오 우옌팡.
  我要无烟房。Wǒ yào wúyān fáng.

기다리다 덩 等 děng

- 기다려야 하나요? 55
  쉬야오 덩마?
  需要等吗？Xūyào děng ma?

- 얼마나 기다려야 해요? 19, 57
  야오 덩 뚜어지우?
  要等多久？Yào děng duōjiǔ?

기름지다 요우니 油腻 yóunì

- 기름진가요? 60
  헌 요우니마?
  很油腻吗？Hěn yóunì ma?

껍질 크어 壳 ké

- 여기에서 껍질이 나왔어요. 83
  쩌리 요우 크어.
  这里有壳。Zhèli yǒu ké.

꿔바로우 꾸어바오러우 锅包肉 guōbāoròu

- 꿔바로우 주세요. 59
  워야오 꾸어바오러우.
  我要锅包肉。Wǒ yào guōbāoròu.

끝나다 완러 完了 Wán le

- 끝났나요? 103
  완러마?
  完了吗？Wán le ma?

끼다, 착용하다 따이 戴 dài

- 이어폰을 껴주세요. 14
  칭니 따이샹 얼찌.
  请你戴上耳机。Qǐng nǐ dàishang ěrjī.

ㄴ

나이키 나이커 耐克 Nàikè

- 나이키 있나요? 107
  요우 나이커마?
  有耐克吗？Yǒu Nàikè ma?

나이프, 칼 따오 刀 dāo

- 나이프 하나 더 주세요. 79
  짜이게이워 거 따오.
  再给我个刀。Zài gěi wǒ ge dāo.

내리다 씨아쳐 下车 xià chē

- 내릴게요. 33
  워야오 씨아쳐.
  我要下车。Wǒ yào xià chē.

내리다, 닫다 꽌삐 关闭 guānbì

- 창문 닫개를 내려주세요. 14
  칭니 꽌삐 즈어꽝반.
  请你关闭遮光板。Qǐng nǐ guānbì zhēguāngbǎn.

냅킨 찬찐즐 餐巾纸 cānjīnzhǐ

- 냅킨 있나요? 76
  요우 찬찐즐마?
  有餐巾纸吗？Yǒu cānjīnzhǐ ma?

- 냅킨은 어디에 있어요? 68
  찬찐즐 짜이날?
  餐巾纸在哪儿？Cānjīnzhǐ zài nǎr?

ㄷ

다른 비에더 别的 biéde

- 다른 물건으로 교환할 수 있나요? 115
  크어이 환청 비에더 똥시마?
  可以换成别的东西吗？Kěyǐ huànchéng biéde dōngxi ma?

다리 투이 腿 tuǐ

- 다리가 아파요. 122
  투이 헌텅.
  腿很疼。Tuǐ hěn téng.

다시 짜이 再 zài, 총씬 重新 chóngxīn

- 다시 로그인해볼게요. 88
  워 짜이 떵루이씨아.
  我再登录一下。Wǒ zài dēnglù yíxià.
- 다시 찍어 주실 수 있나요? 98
  크어이 짜이파이 이쨩마?
  可以再拍一张吗？Kěyǐ zài pāi yì zhāng ma?
- 다시 한 번 말해주세요. 25
  칭 짜이슈어 이삐엔.
  请再说一遍。Qǐng zài shuō yí biàn.
- 이 캐리어 다시 정리할게요. 9
  워야오 총씬 정리 쩌거싱리.
  我要重新整理这个行李。
  Wǒ yào chóngxīn zhěnglǐ zhège xíngli.

다음 씨아 下 xià

- 다음 회차로 주세요. 93
  워야오 씨아이챵더.
  我要下一场的。Wǒ yào xià yì chǎng de.

닦다 차 擦 cā

- 닦아 주세요. 80
  빵워 차이씨아.
  帮我擦一下。Bāng wǒ cā yíxià.

단체 사진 흐어잉 合影 hé yǐng

- 단체 사진 찍어 주실 수 있나요? 98
  크어이 빵워 파이 흐어잉마?
  可以帮我拍合影吗？Kěyǐ bāng wǒ pāi hé yǐng ma?

달다 티엔 甜 tián

- 단가요? 60
  헌 티엔마?
  很甜吗？Hěn tián ma?

담배 냄새 옌월 烟味儿 yānwèir

- 담배 냄새가 너무 심해요. 50
  옌월 타이쫑러.
  烟味儿太重了。Yānwèir tài zhòng le.

담요 마오탄 毛毯 máotǎn

- 담요 있나요? 13
  요우 마오탄마?
  有毛毯吗？Yǒu máotǎn ma?

더블룸 따츄앙팡 大床房 dàchuángfáng

- 더블룸 예약했어요. 41
  워 위띵러 따츄앙팡.
  我预订了大床房。Wǒ yùdìngle dàchuángfáng.

더치페이 에이에이쯜 AA制 AA zhì

- 더치페이 할게요. 88
  워먼 에이에이쯜.
  我们AA制。Wǒmen AA zhì.

덥다 르어 热 rè

- 조금 더워요. 102
  요우디알 르어.
  有点儿热。Yǒudiǎnr rè.

데우다 찌아르어 加热 jiārè

- 데워 주세요. 84
  칭 빵워 찌아르어이씨아.
  请帮我加热一下。Qǐng bāng wǒ jiārè yíxià.

도난당하다 뻬이 토우러 被偷了 bèi tōu le

- 현금을 도난당했어요. 126
  워더 치엔 뻬이 토우러.
  我的钱被偷了。Wǒ de qián bèi tōu le.

도수 뚜슈 度数 dùshù

- 도수가 낮은 거 있나요? 75
  요우 뚜슈 띠더마?
  有度数低的吗？Yǒu dùshù dī de ma?
- 도수가 높은 거 있나요? 75
  요우 뚜슈 까오더마?
  有度数高的吗？Yǒu dùshù gāo de ma?

동방명주 똥팡밍쮸 东方明珠 Dōngfāngmíngzhū

- 동방명주로 가주세요. 27
  워야오 취 똥팡밍쮸.
  我要去东方明珠。Wǒ yào qù Dōngfāngmíngzhū.

139

동영상 쓸핀 视频 shìpín
- 동영상 찍어 주실 수 있나요? 98
  크어이 빵워 파이 쓸핀마?
  可以帮我拍视频吗? Kěyǐ bāng wǒ pāi shìpín ma?

동파육 똥포어러우 东坡肉 dōngpōròu
- 동파육 주세요. 59
  워야오 똥포어러우.
  我要东坡肉. Wǒ yào dōngpōròu.

두고 오다 라짜이 落在 là zài
- 휴대폰을 화장실에 두고 왔어요. 125
  워바 쇼우찌 라짜이 시쇼우찌엔리러.
  我把手机落在洗手间里了.
  Wǒ bǎ shǒujī là zài xǐshǒujiān lǐ le.

뒤쪽 카오호우 靠后 kàohòu
- 뒤쪽 좌석으로 주세요. 9
  워야오 카오호우더 쭈어웨이.
  我要靠后的座位. Wǒ yào kàohòu de zuòwèi.

뒷모습 뻬이잉 背影 bèiyǐng
- 뒷모습 찍어 주실 수 있나요? 98
  크어이 빵워 파이 뻬이잉마?
  可以帮我拍背影吗? Kěyǐ bāng wǒ pāi bèiyǐng ma?

드라이기 츄이펑찌 吹风机 chuīfēngjī
- 드라이기 있나요? 45
  요우 츄이펑찌마?
  有吹风机吗? Yǒu chuīfēngjī ma?

들어가다 찐취 进去 jìnqu
- 들고 들어가도 되나요? 97
  크어이 따이찐취마?
  可以带进去吗? Kěyǐ dài jìnqu ma?
- 지금 들어갈 수 있나요? 56
  씨엔짜이 크어이 찐취마?
  现在可以进去吗? Xiànzài kěyǐ jìnqu ma?

등 뻬이 背 bèi
- 등을 집중적으로 해주세요. 101
  칭 쥬야오 안모어 뻬이.
  请主要按摩背. Qǐng zhǔyào ànmó bèi.

등받이 이뻬이 椅背 yǐbēi
- 등받이가 고장났어요. 14
  워더 이뻬이 화이러.
  我的椅背坏了. Wǒ de yǐbēi huài le.

디즈니랜드 디쓸니 迪士尼 Díshìní
- 디즈니랜드 가나요? 31
  취 디쓸니마?
  去迪士尼吗? Qù Díshìní ma?

디카페인 띠인카페이 低因咖啡 dī yīn kāfēi
- 디카페인 되나요? 73
  요우 띠인카페이마?
  有低因咖啡吗? Yǒu dī yīn kāfēi ma?

뜨겁다 탕 烫 tàng
- 조금 뜨거워요. 102
  요우디알 탕.
  有点儿烫. Yǒudiǎnr tàng.

ㄹ

라떼 나티에 拿铁 nátiě
- 아이스 라떼 주세요. 71
  워야오 삥 나티에.
  我要冰拿铁. Wǒ yào bīng nátiě.

라지 따하오 大号 dà hào, **따뻬이** 大杯 dà bēi
- (옷) 라지 사이즈로 주세요. 108
  워야오 따하오.
  我要大号. Wǒ yào dà hào.
- (음료) 라지 사이즈로 주세요. 71
  워야오 따뻬이.
  我要大杯. Wǒ yào dà bēi.
- (음료) 라지 컵 사이즈로 바꿔주세요. 67
  워야오 환청 따뻬이.
  我要换成大杯. Wǒ yào huànchéng dà bēi.

레귤러 쭝뻬이 中杯 zhōng bēi
- (음료) 레귤러 사이즈로 주세요. 71
  워야오 쭝뻬이.
  我要中杯. Wǒ yào zhōng bēi.

레몬 슬라이스 닝멍피엔 柠檬片 níngméng piàn

- 레몬 슬라이스 있나요?　　　　　　76
  요우 닝멍피엔마?
  有柠檬片吗? Yǒu níngméng piàn ma?

레스토랑 찬팅 餐厅 cāntīng

- 레스토랑은 몇 시에 마감해요?　　　49
  찬팅 지디엔 꽌먼?
  餐厅几点关门? Cāntīng jǐ diǎn guānmén?

- 레스토랑은 몇 시에 오픈해요?　　　49
  찬팅 지디엔 카이먼?
  餐厅几点开门? Cāntīng jǐ diǎn kāimén?

룸 팡 房 fáng

- 룸 바꿔주세요.　　　　　　　　　51
  칭 환이씨아 팡찌엔.
  请换一下房间。Qǐng huàn yíxià fángjiān.

룸 서비스 쏭찬 푸우 送餐服务 sòng cān fúwù

- 룸 서비스를 원해요.　　　　　　　46
  워야오 쏭찬 푸우.
  我要送餐服务。Wǒ yào sòng cān fúwù.

룸 키 팡카 房卡 fángkǎ

- 룸 키를 잃어버렸어요.　　　　　　47
  워 농띠우러 팡카.
  我弄丢了房卡。Wǒ nòngdiū le fángkǎ.

리모콘 야오콩치 遥控器 yáokòngqì

- 리모콘을 어떻게 사용하나요?　　　50
  야오콩치 전머용?
  遥控器怎么用? Yáokòngqì zěnme yòng?

리버뷰 쨩징팡 江景房 jiāngjǐng fáng

- 리버뷰 룸으로 주세요.　　　　　　42
  워야오 쨩징팡.
  我要江景房。Wǒ yào jiāngjǐng fáng.

(음료를) 리필하다 쒸뻬이 续杯 xù bēi

- 리필되나요?　　　　　　　　　　69
  크어이 쒸뻬이마?
  可以续杯吗? Kěyǐ xù bēi ma?

- 리필해 주세요.　　　　　　　　　80
  빵워 쒸뻬이.
  帮我续杯。Bāng wǒ xù bēi.

ㅁ

마감하다 꽌먼 关门 guānmén

- 스파는 몇 시에 마감해요?　　　　　49
  스파 지디엔 꽌먼?
  SPA几点关门? SPA jǐ diǎn guānmén?

마사지 안모어 按摩 ànmó

- 두피 마사지를 받고 싶어요.　　　101
  워야오 쭈어 토우뿌 안모어.
  我要做头部按摩。Wǒ yào zuò tóubù ànmó.

마운틴뷰 쌴징팡 山景房 shānjǐng fáng

- 마운틴뷰 룸으로 주세요.　　　　　42
  워야오 쌴징팡.
  我要山景房。Wǒ yào shānjǐng fáng.

마일리지 리청 里程 lǐchéng

- 마일리지 적립해주세요.　　　　　11
  워야오 찌 리청.
  我要积里程。Wǒ yào jī lǐchéng.

마지막 쭈이완 最晚 zuì wǎn

- 마지막 공연으로 주세요.　　　　　93
  워야오 쭈이완더.
  我要最晚的。Wǒ yào zuì wǎn de.

마트 챠오쓸 超市 chāoshì

- 마트는 어디에 있나요?　　　　　　23
  챠오쓸 짜이날?
  超市在哪儿? Chāoshì zài nǎr?

막차 모빤쳐 末班车 mòbānchē

- 막차 걸로 주세요.　　　　　　　　35
  워야오 모빤쳐더.
  我要末班车的。Wǒ yào mòbānchē de.

막히다 두 堵 dǔ

- 많이 막히나요?　　　　　　　　　29
  헌두마?
  很堵吗? Hěn dǔ ma?

만리장성 챵쳥 长城 Chángchéng
- 만리장성으로 가주세요. 27
  워야오 취 챵쳥.
  我要去长城。 Wǒ yào qù Chángchéng.

맛 보다 챵챵 尝尝 chángchang
- 맛볼 수 있나요? 107
  크어이 챵챵마?
  可以尝尝吗? Kěyǐ chángchang ma?

맛있다 하오츨 好吃 hǎochī
- 가장 맛있는 요리가 뭐예요? 60
  쭈이하오츨더 차이 쓸션머?
  最好吃的菜是什么? Zuì hǎochī de cài shì shénme?
- 너무 맛있었어요. 89
  타이하오츨러.
  太好吃了。 Tài hǎochī le.

망가졌다 화이러 坏了 huài le
- 이거 망가졌어요. 116
  쩌거 화이러.
  这个坏了。 Zhège huài le.

매운 맛 라더 辣 là de
- 매운 맛으로 주세요. 63
  워야오 쫑라더.
  我要中辣的。 Wǒ yào zhōng là de.
- 아주 매운 맛으로 주세요. 63
  워야오 트어라더.
  我要特辣的。 Wǒ yào tè là de.
- 약간 매운 맛으로 주세요. 63
  워야오 웨이라더.
  我要微辣的。 Wǒ yào wēi là de.

매콤 치킨 버거 썅라찌투이바오 香辣鸡腿堡 xiāng là jī tuǐ bāo
- 매콤 치킨 버거 세트 주세요. 67
  워야오 씨앙라 찌투이바오 타오찬.
  我要香辣鸡腿堡套餐。
  Wǒ yào xiāng là jī tuǐ bāo tàocān.

맥주 피지우 啤酒 píjiǔ
- 맥주 주세요. 13
  워야오 피지우.
  我要啤酒。 Wǒ yào píjiǔ.

- 칭다오 맥주 주세요. 75
  워야오 칭다오 피지우.
  我要青岛啤酒。 Wǒ yào Qīngdǎo píjiǔ.
- 하얼빈 맥주 주세요. 75
  워야오 하얼삔 피지우.
  我要哈尔滨啤酒。 Wǒ yào Hā'ěrbīn píjiǔ.

맨 마지막 열 쭈이허우 이파이 最后一排 zuì hòu yì pái
- 맨 마지막 열로 주세요. 93
  워야오 쭈이허우 이파이더.
  我要最后一排的。 Wǒ yào zuì hòu yì pái de.

맵다 라 辣 là
- 매운가요? 60
  헌 라마?
  很辣吗? Hěn là ma?

머리 토우 头 tóu
- 머리가 아파요. 122
  토우 헌텅.
  头很疼。 Tóu hěn téng.

머리카락 토우파 头发 tóufa
- 여기에서 머리카락이 나왔어요. 83
  쩌리 요우 토우파.
  这里有头发。 Zhèli yǒu tóufa.

멀다 위엔 远 yuǎn
- 먼가요? 25
  위엔마?
  远吗? Yuǎn ma?

멀티탭 챠파이 插排 chāpái
- 멀티탭 있나요? 45
  요우 챠파이마?
  有插排吗? Yǒu chāpái ma?

면도기 티쒸따오 剃须刀 tìxūdāo
- 면도기 있나요? 45
  요우 티쒸따오마?
  有剃须刀吗? Yǒu tìxūdāo ma?

명 거런 个人 ge rén
- 두 명이요. 55
  량거런.
  两个人。 Liǎng ge rén.

- 세 명이요. 55
  싼거런.
  三个人。Sān ge rén.

모니터 핑무 屏幕 píngmù

- 모니터가 고장났어요. 14
  워더 핑무 화이러.
  我的屏幕坏了。Wǒ de píngmù huài le.

모닝콜 찌아오싱 叫醒 jiàoxǐng

- 모닝콜 서비스를 원해요. 46
  워야오 찌아오싱 푸우.
  我要叫醒服务。Wǒ yào jiàoxǐng fúwù.

모두 이꽁 一共 yígòng

- 모두 얼마예요? 111
  이꽁 뚜어샤오치엔?
  一共多少钱? Yígòng duōshao qián?

목 징뿌 颈部 jǐngbù

- 목을 집중적으로 해주세요. 101
  칭 쥬야오 안모어 징뿌.
  请主要按摩颈部。Qǐng zhǔyào ànmó jǐngbù.

목구멍 허우롱 喉咙 hóulóng

- 목구멍이 아파요. 122
  허우롱 헌텅.
  喉咙很疼。Hóulóng hěn téng.

목욕 타월 위찐 浴巾 yùjīn

- 목욕 타월 더 가져다주세요. 45
  짜이게이워 이씨에 위찐.
  再给我一些浴巾。Zài gěi wǒ yìxiē yùjīn.

무게를 재다 청 称 chēng

- 이 캐리어 무게 재볼게요. 9
  워야오 청 쩌거싱리.
  我要称这个行李。Wǒ yào chēng zhège xíngli.

무료 미엔페이 免费 miǎnfèi

- 무료인가요? 77
  미엔페이마?
  免费吗? Miǎnfèi ma?

무인발권기 쑈우피아오찌 售票机 Shòupiàojī

- 무인발권기는 어디에 있나요? 32
  쑈우피아오찌 짜이날?
  售票机在哪儿? Shòupiàojī zài nǎr?

문제 원티 问题 wèntí

- 이거 문제 있어요. 116
  쩌거 요우원티.
  这个有问题。Zhège yǒu wèntí.

묻었다 짱러 脏了 zāng le

- 이거 뭐가 묻었어요. 116
  쩌거 짱러.
  这个脏了。Zhège zāng le.

물 슈에이 水 shuǐ

- 물 주세요. 13
  워야오 슈에이.
  我要水。Wǒ yào shuǐ.
- 물은 직접 가지고 오나요? 64
  슈에이 쯔지 나마?
  水自己拿吗? Shuǐ zìjǐ ná ma?

물컵 슈에이뻬이 水杯 shuǐbēi

- 물컵을 교체해주실 수 있나요? 46
  크어이 환 슈에이뻬이마?
  可以换水杯吗? Kěyǐ huàn shuǐbēi ma?

물티슈 쓸찐 湿巾 shījīn

- 물티슈는 어디에 있어요? 68
  쓸찐 짜이날?
  湿巾在哪儿? Shījīn zài nǎr?

미니소 밍촹요우핀 名创优品 Míngchuàngyōupǐn

- 미니소 있나요? 107
  요우 밍촹요우핀마?
  有名创优品吗? Yǒu Míngchuàngyōupǐn ma?

미디움 쫑하오 中号 zhōnghào

- (옷) 미디움 사이즈로 주세요. 108
  워야오 쫑하오.
  我要中号。Wǒ yào zhōnghào.

미지근하다 챵원 常温 chángwēn
- 미지근한 거 있나요? 75
  요우 챵원더마?
  有常温的吗？Yǒu chángwēn de ma?

밀다 투이 推 tuī
- 밀지마세요. 33
  부야오 투이.
  不要推。Búyào tuī.

밀크티 나이차 奶茶 nǎichá
- 아이스 밀크티 주세요. 71
  워야오 삥 나이차.
  我要冰奶茶。Wǒ yào bīng nǎichá.

밀크폼 나이까이 奶盖 nǎi gài
- 밀크폼 추가해주세요. 72
  칭 찌아디알 나이까이.
  请加点儿奶盖。Qǐng jiā diǎnr nǎi gài.

ㅂ

바 테이블 빠타이 吧台 bātái
- 바 테이블에 앉아도 되나요? 56
  크어이 쭈어 빠타이마?
  可以坐吧台吗？Kěyǐ zuò bātái ma?

바닐라 라떼 썅차오 나티에 香草拿铁 xiāngcǎo nátiě
- 아이스 바닐라 라떼 주세요. 71
  워야오 삥 썅차오 나티에.
  我要冰香草拿铁。Wǒ yào bīng xiāngcǎo nátiě.

밖 와이미엔 外面 wàimian
- 밖에 앉아도 되나요? 56
  크어이 쭈어 와이미엔마?
  可以坐外面吗？Kěyǐ zuò wàimian ma?

반반 탕 위엔양꾸어 鸳鸯锅 yuānyāng guō
- 반반 탕으로 주세요. 63
  워야오 위엔양꾸어.
  我要鸳鸯锅。Wǒ yào yuānyāng guō.

반지 찌에즐 戒指 jièzhi
- 반지를 잃어버렸어요. 125
  워더 찌에즐 띠우러.
  我的戒指丢了。Wǒ de jièzhi diū le.

반창고 촹크어티에 创可贴 chuāngkětiē
- 반창고 주세요. 121
  워야오 촹크어티에.
  我要创可贴。Wǒ yào chuāngkětiē.

발 마사지 주리아오 足疗 zúliáo
- 발 마사지를 받고 싶어요. 101
  워야오 쭈어 주리아오.
  我要做足疗。Wǒ yào zuò zúliáo.

발을 삐다 쟈오 니우러 脚扭了 jiǎo niǔ le
- 발을 삐었어요. 121
  워 쟈오 니우러.
  我脚扭了。Wǒ jiǎo niǔ le.

밥 미판 米饭 mǐfàn
- 밥은 직접 가지고 오나요? 64
  미판 쯔지 나마?
  米饭自己拿吗？Mǐfàn zìjǐ ná ma?

배 뚜즈 肚子 dùzi
- 배가 아파요. 122
  뚜즈 헌텅.
  肚子很疼。Dùzi hěn téng.

백탕 칭탕 清汤 qīngtāng
- 백탕으로 주세요. 63
  워야오 칭탕.
  我要清汤。Wǒ yào qīngtāng.

버섯탕 쮠탕 菌汤 jūntāng
- 버섯탕으로 주세요. 63
  워야오 쮠탕.
  我要菌汤。Wǒ yào jūntāng.

버스 꽁찌아오쳐 公交车 gōngjiāochē
- 버스 타고 갈 수 있나요? 24
  크어이 쭈어 꽁찌아오쳐 취마?
  可以坐公交车去吗？Kěyǐ zuò gōngjiāochē qù ma?

- 휴대폰을 버스에 두고 왔어요. 125
  워바 쇼우찌 라짜이 꽁찌아오쳐샹러.
  我把手机落在公交车上了。
  Wǒ bǎ shǒujī là zài gōngjiāochē shàng le.

버스 정류장 꽁찌아오쳐짠
公交车站 gōngjiāochēzhàn

- 버스 정류장에 세워주세요. 28
  짜이 꽁찌아오쳐짠 팅이씨아.
  在公交车站停一下。 Zài gōngjiāochēzhàn tíng yíxià.

- 버스 정류장은 어디에 있나요? 23
  꽁찌아오쳐짠 짜이날?
  公交车站在哪儿？ Gōngjiāochēzhàn zài nǎr?

번호 하오 号 hào

- 번호를 받아야 하나요? 55
  쉬야오 취하오마?
  需要取号吗？ Xūyào qǔhào ma?

베개 전토우 枕头 zhěntou

- 베개 있나요? 13
  요우 전토우마?
  有枕头吗？ Yǒu zhěntou ma?

- 베개를 교체해주실 수 있나요? 46
  크어이 환 전토우마?
  可以换枕头吗？ Kěyǐ huàn zhěntou ma?

변경하다 환 换 huàn

- 표를 변경하고 싶어요. 18
  워야오 환 피아오.
  我要换票。 Wǒ yào huàn piào.

- 표를 변경할 수 있나요? 94
  크어이 환피아오마?
  可以换票吗？ Kěyǐ huàn piào ma?

변기 마통 马桶 mǎtǒng

- 변기가 막혔어요. 50
  마통 두쮸러.
  马桶堵住了。 Mǎtǒng dǔzhù le.

병 핑 瓶 píng

- 한 병 더 주세요. 76
  짜이라이 이핑.
  再来一瓶。 Zài lái yì píng.

병따개 카이핑치 开瓶器 kāipíngqì

- 병따개 있나요? 76
  요우 카이핑치마?
  有开瓶器吗？ Yǒu kāipíngqì ma?

병원 이위엔 医院 yīyuàn

- 병원은 어디에 있나요? 122
  이위엔 짜이날?
  医院在哪儿？ Yīyuàn zài nǎr?

보관하다 찌춘 寄存 jìcún

- 짐을 보관할 수 있나요? 42
  크어이 찌춘 싱리마?
  可以寄存行李吗？ Kěyǐ jìcún xíngli ma?

보다 칸 看 kàn

- 자세히 볼 수 있나요? 107
  크어이 칸칸마?
  可以看看吗？ Kěyǐ kànkan ma?

보상 페이챵 赔偿 péicháng

- 금전적 보상이 제공되나요? 18
  티꽁 페이챵마?
  提供赔偿吗？ Tígōng péicháng ma?

보조 배터리 충띠엔바오 充电宝 chōngdiànbǎo

- 보조 배터리 가지고 탈 수 있나요? 10
  충띠엔바오 크어이 따이샹페이찌마?
  充电宝可以带上飞机吗？
  Chōngdiànbǎo kěyǐ dàishang fēijī ma?

보증금 야찐 押金 yājīn

- 보증금은 얼마예요? 43
  야찐 뚜어샤오치엔?
  押金多少钱？ Yājīn duōshao qián?

복도 쪽 카오꾸어따오 靠过道 kàoguòdào

- 복도 쪽 좌석으로 주세요. 9
  워야오 카오꾸어따오더 쭈어웨이.
  我要靠过道的座位。 Wǒ yào kàoguòdào de zuòwèi.

볶음밥 챠오판 炒饭 chǎofàn

- 볶음밥 주세요. 59
  워야오 챠오판.
  我要炒饭。 Wǒ yào chǎofàn.

봉투 따이즈 袋子 dàizi

- 봉투에 담아주세요. 112
  칭 쮸앙짜이 따이즈리.
  请装在袋子里。Qǐng zhuāng zài dàizi lǐ.
- 큰 봉투에 담아주세요. 112
  칭 쮸앙짜이 따더 따이즈리.
  请装在大的袋子里。Qǐng zhuāng zài dà de dàizi lǐ.

(수하물을) 부치다 투어윈 托运 tuōyùn

- 이 캐리어 부칠게요. 9
  워야오 투어윈 쩌거싱리.
  我要托运这个行李。Wǒ yào tuōyùn zhège xíngli.

북경오리 베이찡카오야 北京烤鸭 Běijīng kǎoyā

- 북경오리가 아직 안 나왔어요. 84
  베이찡카오야 하이메이 쌍.
  北京烤鸭还没上。Běijīng kǎoyā hái méi shàng.

불꽃놀이 옌화씨우 烟花秀 yānhuā xiù

- 불꽃놀이는 언제 시작하나요? 97
  옌화씨우 선머슬호우 카이슬?
  烟花秀什么时候开始?
  Yānhuā xiù shénme shíhou kāishǐ?

비상구 잉지츄코우 应急出口 yìngjíchūkǒu

- 비상구 좌석으로 주세요. 9
  워야오 잉지츄코우더 쭈어웨이.
  我要应急出口的座位。
  Wǒ yào yìngjíchūkǒu de zuòwèi.

비싸다 꾸이 贵 guì

- 너무 비싸요. 113
  타이꾸이러.
  太贵了。Tài guì le.

비즈니스룸 쌍우팡 商务房 shāngwùfáng

- 비즈니스룸 예약했어요. 41
  워 위띵러 쌍우팡.
  我预订了商务房。Wǒ yùdìngle shāngwùfáng.

비행기표 찌피아오 机票 jīpiào

- 비행기표가 제공되나요? 18
  티꽁 찌피아오마?
  提供机票吗? Tígōng jīpiào ma?

빅맥 쮜우빠 巨无霸 jùwúbà

- 빅맥 세트 주세요. 67
  워야오 쮜우빠 타오찬.
  我要巨无霸套餐。Wǒ yào jùwúbà tàocān.

빈자리 콩웨이 空位 kòngwèi

- 빈자리가 없어요. 15
  메이요우 콩웨이.
  没有空位。Méiyǒu kòngwèi.

빌리다 찌에용 借用 jièyòng

- 아기 침대를 빌릴 수 있나요? 42
  크어이 찌에용 잉얼츄앙마?
  可以借用婴儿床吗?
  Kěyǐ jièyòng yīng'érchuáng ma?

빗 슈즈 梳子 shūzi

- 빗 있나요? 45
  요우 슈즈마?
  有梳子吗? Yǒu shūzi ma?

빨대 씨관 吸管 xīguǎn

- 빨대는 어디에 있어요? 68
  씨관 짜이날?
  吸管在哪儿? Xīguǎn zài nǎr?

빨리 콰이디알 快点儿 kuài diǎnr

- 빨리 가 주실 수 있나요? 27
  크어이 콰이디알마?
  可以快点儿吗? Kěyǐ kuài diǎnr ma?

빼다, 원하지 않다 부야오 不要 bú yào

- 시나몬 파우더 빼주세요. 72
  부야오 러우꾸이펀.
  不要肉桂粉。Bú yào ròuguì fěn.

ㅅ

사은품 쩡핀 赠品 zèngpǐn

- 사은품 좀 주세요. 111
  칭 쏭디알 쩡핀.
  请送点儿赠品。Qǐng sòng diǎnr zèngpǐn.

사이다 쉬에삐 雪碧 xuěbì
- 사이다로 바꿔주세요. 67
  워야오 환청 쉬에삐.
  我要换成雪碧。Wǒ yào huànchéng xuěbì.

사진 찍다 파이쨔오 拍照 pāi zhào
- 사진 찍어 주실 수 있나요? 98
  크어이 빵워 파이쨔오마?
  可以帮我拍照吗? Kěyǐ bāng wǒ pāi zhào ma?
- 사진 찍어도 되나요? 97
  크어이 파이쨔오마?
  可以拍照吗? Kěyǐ pāizhào ma?

새것 씬더 新的 xīn de
- 새것으로 교환할 수 있나요? 115
  크어이 환청 씬더마?
  可以换成新的吗? Kěyǐ huànchéng xīn de ma?

새로 충씬 重新 chóngxīn
- 새로 만들어 주세요. 84
  칭 빵워 충씬 쭈어이씨아.
  请帮我重新做一下。
  Qǐng bāng wǒ chóngxīn zuò yíxià.

샐러드 쌰라 沙拉 shālā
- 샐러드 추가해주세요. 68
  워야오 찌아 쌰라.
  我要加沙拉。Wǒ yào jiā shālā.

생맥주 쨔피 扎啤 zhāpí
- 생맥주 주세요. 75
  워야오 쨔피.
  我要扎啤。Wǒ yào zhāpí.

생수 쾅취엔슈에이 矿泉水 kuàngquánshuǐ
- 생수 더 가져다주세요. 45
  짜이게이워 이씨에 쾅취엔슈에이.
  再给我一些矿泉水。
  Zài gěi wǒ yìxiē kuàngquánshuǐ.

선물 상자 리우흐어즈 礼物盒子 lǐwù hézi
- 선물 상자에 담아주세요. 112
  칭 쮸앙짜이 리우흐어즈리.
  请装在礼物盒子里。Qǐng zhuāng zài lǐwù hézi lǐ.

설사약 즐씨에야오 止泻药 zhǐxièyào
- 설사약 주세요. 121
  워야오 즐씨에야오.
  我要止泻药。Wǒ yào zhǐxièyào.

설사하다 라 뚜즈 拉肚子 lā dùzi
- 설사했어요. 121
  워 라 뚜즈러.
  我拉肚子了。Wǒ lā dùzi le.

성인 청런 成人 chéngrén
- 성인 표 한 장이요. 93
  이쨩 청런피아오.
  一张成人票。Yì zhāng chéngrén piào.

세게 쯍이디알 重一点儿 zhòng yìdiǎnr
- 더 세게 해주실 수 있나요? 102
  크어이 짜이 쯍이디알마?
  可以再重一点儿吗? Kěyǐ zài zhòng yìdiǎnr ma?
- 세게 해주실 수 있나요? 102
  크어이 쯍이디알마?
  可以重一点儿吗? Kěyǐ zhòng yìdiǎnr ma?

세금 환급 투이쉬이 退税 tuìshuì
- 세금 환급 해주세요. 116
  칭 게이워 투이쉬이.
  请给我退税。Qǐng gěi wǒ tuìshuì.
- 세금 환급받고 싶어요. 115
  워야오 투이쉬이.
  我要退税。Wǒ yào tuìshuì.

세금계산서 파피아오 发票 fāpiào
- 세금계산서 주세요. 116
  칭 게이워 파피아오.
  请给我发票。Qǐng gěi wǒ fāpiào.

세트 타오찬 套餐 tàocān
- 라오베이징 스낵랩 세트 주세요. 67
  워야오 라오베이찡 찌러우쥐엔 타오찬.
  我要老北京鸡肉卷套餐。
  Wǒ yào lǎo Běijīng jīròu juǎn tàocān.

소롱포 샤오롱빠오 小笼包 xiǎolóngbāo
- 소롱포 주세요. 59
  워야오 샤오롱빠오.
  我要小笼包。Wǒ yào xiǎolóngbāo.

소리를 줄이다 샤오썽디알 小声点儿 xiǎoshēng diǎnr

- 소리를 줄여 주실 수 있나요?   27
  크어이 샤오썽디알 마?
  可以小声点儿吗? Kěyǐ xiǎoshēng diǎnr ma?

소스 티아오랴오 调料 tiáoliào

- 소스는 직접 가지고 오나요?   64
  티아오랴오 쯔지 나마?
  调料自己拿吗? Tiáoliào zìjǐ ná ma?

소아과 얼크어 儿科 érkē

- 소아과는 어디에 있나요?   122
  얼크어 짜이날?
  儿科在哪儿? Érkē zài nǎr?

소지품, 물건 똥시 东西 dōngxi

- 제 소지품이 비행기에 있어요.   17
  워더 똥시 짜이 페이찌샹.
  我的东西在飞机上。 Wǒ de dōngxi zài fēijī shang.

소화제 샤오화야오 消化药 xiāohuàyào

- 소화제 주세요.   121
  워야오 샤오화야오.
  我要消化药。 Wǒ yào xiāohuàyào.

쇼핑몰 꼬우우 쭝씬 购物中心 Gòuwù zhōngxīn

- 쇼핑몰은 어디에 있나요?   23
  꼬우우 쭝씬 짜이날?
  购物中心在哪儿? Gòuwù zhōngxīn zài nǎr?

쇼핑백 즐따이 纸袋 zhǐdài

- 쇼핑백에 담아주세요.   112
  칭 쭈앙짜이 즐따이리.
  请装在纸袋里。 Qǐng zhuāng zài zhǐdài lǐ.

수건 마오찐 毛巾 máojīn

- 수건 더 가져다주세요.   45
  짜이게이워 이씨에 마오찐.
  再给我一些毛巾。 Zài gěi wǒ yìxiē máojīn.

수리하다 씨우리 修理 xiūlǐ

- 수리해주세요.   51
  시우리이씨아.
  修理一下。 Xiūlǐ yíxià.

수수료 쇼우쒸페이 手续费 shǒuxùfèi

- 수수료가 있나요?   95
  요우 쇼우쒸페이마?
  有手续费吗? Yǒu shǒuxùfèi ma?

수영장 요우용츨 游泳池 yóuyǒngchí

- 수영장은 몇 시에 마감해요?   49
  요우용츨 지디엔 꽌먼?
  游泳池几点关门? Yóuyǒngchí jǐ diǎn guānmén?

- 수영장은 몇 시에 오픈해요?   49
  요우용츨 지디엔 카이먼?
  游泳池几点开门? Yóuyǒngchí jǐ diǎn kāimén?

수저 세트 찬쮜 餐具 cānjù

- 수저 세트 하나 더 주세요.   79
  짜이게이워 거 찬쮜.
  再给我个餐具。 Zài gěi wǒ ge cānjù.

숙소 쮸수 住宿 zhùsù

- 숙소가 제공되나요?   18
  티꽁 쮸수마?
  提供住宿吗? Tígōng zhùsù ma?

순한 맛, 안 매운 부라더 不辣的 bú là de

- 순한 맛으로 주세요.   63
  워야오 부라더.
  我要不辣的。 Wǒ yào bú là de.

숟가락 샤오즈 勺子 sháozi

- 숟가락 좀 바꿔주세요.   79
  환이씨아 샤오즈.
  换一下勺子。 Huàn yíxià sháozi.

스마트 워치 쯜넝 쇼우비아오 智能手表 zhìnéng shǒubiǎo

- 스마트 워치를 도난당했어요.   126
  워더 쯜넝 쇼우비아오 뻬이 토우러.
  我的智能手表被偷了。 Wǒ de zhìnéng shǒubiǎo bèi tōu le.

스몰 샤오하오 小号 xiǎo hào, 샤오 뻬이 小杯 xiǎo bēi

- (옷) 스몰 사이즈로 주세요.   108
  워야오 샤오하오.
  我要小号。 Wǒ yào xiǎo hào.

- (음료) 스몰 사이즈로 주세요.   71
  워야오 샤오뻬이.
  我要小杯。 Wǒ yào xiǎo bēi.

스위트룸 타오팡 套房 tàofáng
- 스위트룸 예약했어요. 41
  워 위딩러 타오팡.
  我预订了套房。Wǒ yùdìngle tàofáng.

스캔하다 사오 扫 sǎo
- 다시 스캔해볼게요. 88
  워 짜이 사오이씨아.
  我再扫一下。Wǒ zài sǎo yíxià.
- 어디에 스캔하나요? 32
  짜이날 사오?
  在哪儿扫？Zài nǎr sǎo?

시간 슬찌엔 时间 shíjiān
- 시간을 변경할 수 있나요? 94
  크어이 환 슬찌엔마?
  可以换时间吗？Kěyǐ huàn shíjiān ma?

시끄럽다 챠오 吵 chǎo
- 옆방이 너무 시끄러워요. 47
  그어삐 팡찌엔 타이챠오러.
  隔壁房间太吵了。Gébì fángjiān tài chǎo le.

시다 쑤안 酸 suān
- 신가요? 60
  헌 쑤안마?
  很酸吗？Hěn suān ma?

시럽(당도) 탕 糖 táng
- 시럽(당도) 빼주세요. 72
  부야오 탕.
  不要糖。Bú yào táng.
- 시럽(당도) 추가해주세요. 72
  칭 찌아디알 탕.
  请加点儿糖。Qǐng jiā diǎnr táng.

시킨 요리 디엔더 차이 点的菜 diǎn de cài
- 저들이 시킨 요리가 뭐예요? 60
  타먼 디엔더 차이 쓸션머?
  他们点的菜是什么？Tāmen diǎn de cài shì shénme?

식사 찬슬 餐食 cānshí
- 식사가 제공되나요? 18
  티꽁 찬슬마?
  提供餐食吗？Tígōng cānshí ma?

식사하다 츨판 吃饭 chī fàn
- 지금 식사할 수 있나요? 56
  씨엔짜이 크어이 츨판마?
  现在可以吃饭吗？Xiànzài kěyǐ chī fàn ma?

식었다 량러 凉了 liáng le
- 이 음식 다 식었어요. 83
  쩌거차이 또우 량러.
  这个菜都凉了。Zhège cài dōu liáng le.

(마라탕) 식재료 페이차이 配菜 pèicài
- 식재료는 직접 가지고 오나요? 64
  페이차이 쯔지 나마?
  配菜自己拿吗？Pèicài zìjǐ ná ma?

신고 빠오징 报警 bàojǐng
- 경찰에 신고해주세요. 127
  칭 빵워 빠오징.
  请帮我报警。Qǐng bāng wǒ bàojǐng.

신용카드 씬용카 信用卡 xìnyòngkǎ
- 신용카드로 해도 되나요? 28, 87
  크어이 용 씬용카 마?
  可以用信用卡吗？Kěyǐ yòng xìnyòngkǎ ma?
- 신용카드를 잃어버렸어요. 125
  워더 씬용카 띠우러.
  我的信用卡丢了。Wǒ de xìnyòngkǎ diū le.

심각하다 옌쭝 严重 yánzhòng
- 심각한가요? 123
  옌쭝마?
  严重吗？Yánzhòng ma?

싱겁다 딴 淡 dàn
- 이 음식 너무 싱거워요. 83
  쩌거차이 타이 딴러.
  这个菜太淡了。Zhège cài tài dàn le.

싸게 피엔이디알 便宜点儿 piányi diǎnr
- 싸게 해주세요. 111
  칭 피엔이디알.
  请便宜点儿。Qǐng piányi diǎnr.
- 조금 더 싸게 해주세요. 111
  칭 짜이 피엔이디알.
  请再便宜点儿。Qǐng zài piányi diǎnr.

쓰레기통 라찌통 垃圾桶 lājītǒng

- 쓰레기통은 어디에 있어요?   68
  라찌통 짜이날?
  垃圾桶在哪儿? Lājītǒng zài nǎr?

씨티뷰 청징팡 城景房 chéngjǐng fáng

- 씨티뷰 룸으로 주세요.   42
  워야오 청징팡.
  我要城景房。 Wǒ yào chéngjǐng fáng.

ㅇ

논알코올 우지우찡 无酒精 wújiǔjīng

- 논알코올 있나요?   75
  요우 우지우찡더마?
  有无酒精的吗? Yǒu wújiǔjīng de ma?

룸 업그레이드 썽 팡 升房 shēng fáng

- 룸을 업그레이드할 수 있나요?   42
  크어이 썽 팡마?
  可以升房吗? Kěyǐ shēng fáng ma?

바꾸다 환 换 huàn

- 아메리카노로 바꿔주세요.   67
  워야오 환청 메이쓸 카페이.
  我要换成美式咖啡。 Wǒ yào huànchéng měishìkāfēi.

아기 수저 얼통찬쮜 儿童餐具 értóng cānjù

- 아기 수저 있나요?   80
  요우 얼통찬쮜마?
  有儿童餐具吗? Yǒu értóng cānjù ma?

아기 의자 잉얼이 婴儿椅 yīng'éryǐ

- 아기 의자 있나요?   80
  요우 잉얼이마?
  有婴儿椅吗? Yǒu yīng'éryǐ ma?

아메리카노 메이쓸 카페이
             美式咖啡 měishì kāfēi

- 아이스 아메리카노 주세요.   71
  워야오 삥 메이쓸 카페이.
  我要冰美式咖啡。 Wǒ yào bīng měishì kāfēi.

아프다 텅 疼 téng

- 거기 너무 아파요.   103
  나리 헌텅.
  那里很疼。 Nàli hěn téng.
- 조금 아파요.   102
  요우디알 텅.
  有点儿疼。 Yǒudiǎnr téng.

안 나왔다 메이 썅 没上 méi shàng,
             메이츄라이 没出来 méi chūlai

- 마라룽샤가 아직 안 나왔어요.   84
  마라룽씨아 하이메이 썅.
  麻辣龙虾还没上。 Málàlóngxiā hái méi shàng.
- 제 캐리어가 안 나왔어요.   17
  워더 싱리 메이츄라이.
  我的行李没出来。 Wǒ de xíngli méi chūlai.

안대 옌쨔오 眼罩 yǎnzhào

- 안대 있나요?   13
  요우 옌쨔오마?
  有眼罩吗? Yǒu yǎnzhào ma?

안전벨트 안취엔따이 安全带 ānquándài

- 안전벨트가 고장났어요.   14
  워더 안취엔따이 화이러.
  我的安全带坏了。 Wǒ de ānquándài huài le.

안쪽 리미엔 里面 lǐmian

- 안쪽에 앉아도 되나요?   56
  크어이 쭈어 리미엔마?
  可以坐里面吗? Kěyǐ zuò lǐmian ma?

앉다 쭈어 坐 zuò

- 앉아도 되나요?   97
  크어이 쭈어마?
  可以坐吗? Kěyǐ zuò ma?

알레르기 꾸어민 过敏 guòmǐn

- 알레르기가 있어요.   61
  워후이 꾸어민.
  我会过敏。 Wǒ huì guòmǐn.
- 피부 알레르기가 났어요.   121
  워 피푸 꾸어민러.
  我皮肤过敏了。 Wǒ pífū guòmǐn le.
- 항생제 알레르기가 있어요.   123
  워뚜이 캉성쑤 꾸어민.
  我对抗生素过敏。 Wǒ duì kàngshēngsù guòmǐn.

알리페이 쯜푸바오 支付宝 Zhīfùbǎo

- 알리페이로 해도 되나요? 28, 87
  크어이 용 쯜푸바오 마?
  可以用支付宝吗? Kěyǐ yòng Zhīfùbǎo ma?

앞 열 치엔파이 前排 qiánpái

- 앞 열로 주세요. 93
  워야오 치엔파이더.
  我要前排的。Wǒ yào qiánpái de.

앞으로 왕치엔 往前 wǎng qián

- 의자 좀 앞으로 세워주세요. 14
  칭니 바 이즈 왕치엔 티아오디알.
  请你把椅子往前调点儿。
  Qǐng nǐ bǎ yǐzi wǎng qián tiáo diǎnr.

앞쪽 카오치엔 靠前 kàoqián,
　　　치엔미엔 前面 qiánmian

- 앞쪽 좌석으로 주세요. 9
  워야오 카오치엔더 쭈어웨이.
  我要靠前的座位。Wǒ yào kàoqián de zuòwèi.

- 앞쪽에 세워주세요. 28
  짜이 치엔미엔 팅이씨아.
  在前面停一下。Zài qiánmian tíng yíxià.

앞치마 웨이췬 围裙 wéiqún

- 앞치마 있나요? 64
  요우 웨이췬마?
  有围裙吗? Yǒu wéiqún ma?

앱 결제 쇼우찌 쯜푸 手机支付 shǒujī zhīfù

- 앱 결제로 할게요. 112
  워야오 쇼우찌 쯜푸.
  我要手机支付。Wǒ yào shǒujī zhīfù.

야시장 예쓸 夜市 yèshì

- 야시장은 어떻게 가나요? 24
  예쓸 전머조우?
  夜市怎么走? Yèshì zěnme zǒu?

약국 야오띠엔 药店 yàodiàn

- 약국은 어디에 있나요? 122
  야오띠엔 짜이날?
  药店在哪儿? Yàodiàn zài nǎr?

약하게 칭이디알 轻一点儿 qīng yìdiǎnr

- 더 약하게 해주실 수 있나요? 102
  크어이 짜이 칭이디알마?
  可以再轻一点儿吗? Kěyǐ zài qīng yìdiǎnr ma?

- 약하게 해주실 수 있나요? 102
  크어이 칭이디알마?
  可以轻一点儿吗? Kěyǐ qīng yìdiǎnr ma?

양꼬치 양러우츄알 羊肉串儿 yángròuchuànr

- 양꼬치 주세요. 59
  워야오 양러우츄알.
  我要羊肉串儿。Wǒ yào yángròuchuànr.

어깨 찌엔빵 肩膀 jiānbǎng

- 어깨를 집중적으로 해주세요. 101
  칭 쥬야오 안모어 찌엔빵.
  请主要按摩肩膀。Qǐng zhǔyào ànmó jiānbǎng.

어깨와 목 찌엔징 肩颈 jiān jǐng

- 어깨와 목 마사지를 받고 싶어요. 101
  워야오 쭈어 찌엔징 안모어.
  我要做肩颈按摩。Wǒ yào zuò jiān jǐng ànmó.

어린이 얼통 儿童 értóng

- 어린이 표 한 장이요. 93
  이쨩 얼통피아오.
  一张儿童票。Yì zhāng értóng piào.

어향가지 위쌍치에즈 鱼香茄子 yúxiāng qiézi

- 어향가지가 아직 안 나왔어요. 84
  위쌍치에즈 하이메이 썅.
  鱼香茄子还没上。Yúxiāng qiézi hái méi shàng.

언제 션머슬호우 什么时候 shénme shíhou

- 이벤트는 언제 시작하나요? 97
  후어똥 션머슬호우 카이슬?
  活动什么时候开始? Huódòng shénme shíhou kāishǐ?

얼마 뚜오샤오 多少 duōshao

- 얼마예요? 29
  뚜어샤오치엔?
  多少钱? Duōshao qián?

얼음 삥쾰 冰块儿 bīngkuàir

- 얼음 빼주세요. 72
  부야오 삥쾰.
  不要冰块儿。Bú yào bīngkuàir.

- 얼음 있나요? 76
  요우 삥쾰마?
  有冰块儿吗？Yǒu bīngkuàir ma?

- 얼음 추가해주세요. 72
  칭 찌아디알 삥쾰.
  请加点儿冰块儿。Qǐng jiā diǎnr bīngkuàir.

없어지다, 찾을 수 없다 쟈오부따오 找不到 zhǎo bu dào

- 제 캐리어가 없어졌어요. 17
  워더 싱리 쟈오부따오러.
  我的行李找不到了。Wǒ de xíngli zhǎo bu dào le.

에어컨 콩티아오 空调 Kōngtiáo

- 에어컨을 어떻게 사용하나요? 50
  콩티아오 전머용?
  空调怎么用？Kōngtiáo zěnme yòng?

- 에어컨을 틀어 주실 수 있나요? 27
  크어이 카이 콩티아오마?
  可以开空调吗？Kěyǐ kāi kōngtiáo ma?

엑스 라지 트어따 特大 tè dà

- (음료) 엑스 라지 사이즈로 주세요. 71
  워야오 트어따뻬이.
  我要特大杯。Wǒ yào tè dà bēi.

엘리베이터 띠엔티 电梯 Diàntī

- 엘리베이터는 어디에 있나요? 32
  띠엔티 짜이날?
  电梯在哪儿？Diàntī zài nǎr?

여권 후쨔오 护照 hùzhào

- 여권을 잃어버렸어요. 125
  워더 후쨔오 띠우러.
  我的护照丢了。Wǒ de hùzhào diū le.

- 이건 제 여권이에요. 36
  쩌쓸 워더 후쨔오.
  这是我的护照。Zhè shì wǒ de hùzhào.

- 제 여권이 비행기에 있어요. 17
  워더 후쨔오 짜이 페이찌샹.
  我的护照在飞机上。Wǒ de hùzhào zài fēijī shang.

여기 쪄리 这里 zhèli

- 여기 가나요? 31
  취 쪄리마?
  去这里吗？Qù zhèli ma?

- 여기는 어떻게 가나요? 24
  쪄리 전머조우?
  这里怎么走？Zhèli zěnme zǒu?

- 여기로 가주세요. 27
  워야오 취 쪄리.
  我要去这里。Wǒ yào qù zhèli.

- 여기를 집중적으로 안마해주세요. 101
  칭 쥬야오 안모어 쪄리.
  请主要按摩这里。Qǐng zhǔyào ànmó zhèli.

- 여기에 담아주세요. 112
  칭 쮸앙짜이 쪄리.
  请装在这里。Qǐng zhuāng zài zhèli.

- 여기에 세워주세요. 28
  짜이 쪄리 팅이씨아.
  在这里停一下。Zài zhèli tíng yíxià.

- 이번 역이 이(여기) 역인가요? 31
  쪄이쨘 쓸 쪄거 쨘마?
  这一站是这个站吗？Zhè yí zhàn shì zhège zhàn ma?

여행 뤼요우 旅游 lǚyóu

- 여행 왔어요. 10
  워쓸 라이 뤼요우더.
  我是来旅游的。Wǒ shì lái lǚyóu de.

역 쨘 站 zhàn

- 상하이역에 가려고 해요. 35
  워야오 취 썅하이쨘.
  我要去上海站。Wǒ yào qù Shànghǎi zhàn.

연결하다 리엔찌에 连接 liánjiē

- 다시 연결해볼게요. 88
  워 짜이 리엔찌에이씨아.
  我再连接一下。Wǒ zài liánjiē yíxià.

연락처 리엔씨팡쓸 联系方式 liánxì fāngshì

- 여기 제 연락처입니다. 126
  쪄쓸 워더 리엔씨팡쓸.
  这是我的联系方式。Zhè shì wǒ de liánxì fāngshì.

- 연락처를 남겨야 하나요? 55
  쉬야오 리우 리엔씨팡쓸마?
  需要留联系方式吗？Xūyào liú liánxì fāngshì ma?

열나다 파샤오 发烧 fāshāo

- 열이 나요. 121
  워 파샤오러.
  我发烧了。Wǒ fāshāo le.

영수증 샤오피아오 小票 xiǎopiào

- 영수증 주세요. 116
  칭 게이워 샤오피아오.
  请给我小票。Qǐng gěi wǒ xiǎopiào.

- 영수증 없어요. 117
  워 메이요우 샤오피아오.
  我没有小票。Wǒ méiyǒu xiǎopiào.

예약 정보 위띵씬시 预订信息 yùdìng xìnxī

- 이건 제 예약 정보예요. 36
  쩌쓸 워더 위띵씬시.
  这是我的预订信息。Zhè shì wǒ de yùdìng xìnxī.

예약하다 (위)띵 (预)订 (yù)dìng

- 예약했어요. 43, 57, 95
  워 위띵러.
  我预订了。Wǒ yùdìng le.

- 표를 예약하고 싶어요. 18
  워야오 띵 피아오.
  我要订票。Wǒ yào dìng piào.

오션뷰 하이징팡 海景房 hǎijǐng fáng

- 오션뷰 룸으로 주세요. 42
  워야오 하이징팡.
  我要海景房。Wǒ yào hǎijǐng fáng.

오일 마사지 찡요우 안모어 精油按摩 jīngyóu ànmó

- 오일 마사지를 받고 싶어요. 101
  워야오 쭈어 찡요우 안모어.
  我要做精油按摩。Wǒ yào zuò jīngyóu ànmó.

오전 쌍우 上午 shàngwǔ

- 내일 오전 걸로 주세요. 35
  워야오 밍티엔 쌍우더.
  我要明天上午的。Wǒ yào míngtiān shàngwǔ de.

오픈하다 카이먼 开门 kāimén

- 스파는 몇 시에 오픈해요? 49
  스파 지디엔 카이먼?
  SPA几点开门？SPA jǐ diǎn kāimén?

오후 씨아우 下午 xiàwǔ

- 오후 걸로 주세요. 35
  워야오 씨아우더.
  我要下午的。Wǒ yào xiàwǔ de.

온수 르어슈에이 热水 rè shuǐ

- 온수가 안 나와요. 50
  뿌추 르어슈에이러.
  不出热水了。Bù chū rè shuǐ le.

옮기다 빤 搬 bān

- 짐을 옮겨 주실 수 있나요? 42
  크어이 빵워 빤 싱리마?
  可以帮我搬行李吗？Kěyǐ bāng wǒ bān xíngli ma?

옷걸이 이찌아 衣架 yījià

- 옷걸이 더 가져다주세요. 45
  짜이게이워 이씨에 이찌아.
  再给我一些衣架。Zài gěi wǒ yìxiē yījià.

와이파이 와이파이 Wi-fi Wi-Fi

- 와이파이를 어떻게 사용하나요? 50
  와이파이 전머용?
  Wi-Fi怎么用？Wi-Fi zěnme yòng?

와퍼 황바오 皇堡 huángbāo

- 와퍼 세트 주세요. 67
  워야오 황바오 타오찬.
  我要皇堡套餐。Wǒ yào huángbāo tàocān.

왕복 왕판 往返 wǎngfǎn

- 왕복표로 주세요. 36
  워야오 왕판피아오.
  我要往返票。Wǒ yào wǎngfǎn piào.

우대 할인 요우후이 优惠 yōuhuì

- 우대 할인 표 한 장이요. 93
  이짱 요우후이피아오.
  一张优惠票。Yì zhāng yōuhuì piào.

우등석 루안쭈어 软座 ruǎnzuò

- 우등석으로 주세요. 36
  워야오 루안쭈어.
  我要软座。Wǒ yào ruǎnzuò.

우량예 우리앙예 五粮液 Wǔliángyè

- 우량예 주세요. 75
  워야오 우리앙예.
  我要五粮液。 Wǒ yào Wǔliángyè.

우롱차 우롱차 乌龙茶 wūlóngchá

- 아이스 우롱차 주세요. 71
  워야오 삥 우롱차.
  我要冰乌龙茶。 Wǒ yào bīng wūlóngchá.

우산 위싼 雨伞 yǔsǎn

- 우산 가지고 탈 수 있나요? 10
  위싼 크어이 따이샹페이찌마?
  雨伞可以带上飞机吗? Yǔsǎn kěyǐ dàishang fēijī ma?

우육면 니우러우미엔 牛肉面 niúròumiàn

- 우육면이 아직 안 나왔어요. 84
  니우러우미엔 하이메이 샹.
  牛肉面还没上。 Niúròumiàn hái méi shàng.

위챗페이 웨이씬 微信 Wēixìn

- 위챗페이로 해도 되나요? 28, 87
  크어이 용 웨이씬 마?
  可以用微信吗? Kěyǐ yòng Wēixìn ma?

유명하다 요우밍 有名 yǒumíng

- 가장 유명한 요리가 뭐예요? 60
  쭈이요우밍더 차이 쓸션머?
  最有名的菜是什么? Zuì yǒumíng de cài shì shénme?

유학 리우쉬에 留学 liúxué

- 유학 왔어요. 10
  워쓸 라이 리우쉬에더.
  我是来留学的。 Wǒ shì lái liúxué de.

육수 탕 汤 tāng

- 육수는 직접 가지고 오나요? 64
  탕 쯔지 나마?
  汤自己拿吗? Tāng zìjǐ ná ma?

응급실 지전쉬 急诊室 jízhěnshì

- 응급실은 어디에 있나요? 122
  지전쉬 짜이날?
  急诊室在哪儿? Jízhěnshì zài nǎr?

이 메뉴 쩌따오차이 这道菜 zhè dào cài

- 이 메뉴가 아직 안 나왔어요. 84
  쩌따오차이 하이메이 샹.
  这道菜还没上。 Zhè dào cài hái méi shàng.

이거 쩌거 这个 zhège

- 이거 가지고 탈 수 있나요? 10
  쩌거 크어이 따이샹페이찌마?
  这个可以带上飞机吗? Zhège kěyǐ dàishang fēijī ma?
- 이거 있나요? 107
  요우 쩌거마?
  有这个吗? Yǒu zhège ma?
- 이거는 얼마예요? 111
  쩌거 뚜어샤오치엔?
  这个多少钱? Zhège duōshao qián?
- 이것으로 주세요. 108
  워야오 쩌거.
  我要这个。 Wǒ yào zhège.

이과두주 얼꾸어토우 二锅头 Èrguōtóu

- 이과두주 주세요. 75
  워야오 얼꾸어토우.
  我要二锅头。 Wǒ yào Èrguōtóu.

이렇게 쩌양 这样 zhèyàng

- 이렇게 찍어 주실 수 있나요? 98
  크어이 쩌양 파이 마?
  可以这样拍吗? Kěyǐ zhèyàng pāi ma?
- 이렇게는 얼마예요? 111
  쩌양 뚜어샤오치엔?
  这样多少钱? Zhèyàng duōshao qián?

이메일 요우샹 邮箱 yóuxiāng

- 여기 제 이메일입니다. 126
  쩌쓸 워더 요우샹.
  这是我的邮箱。 Zhè shì wǒ de yóuxiāng.

이번 역 쩌이짠 这一站 zhè yí zhàn

- 이번 역이 왕푸징역인가요? 31
  쩌이짠 쓸 왕푸징 짠마?
  这一站是王府井站吗? Zhè yí zhàn shì Wángfǔjǐng zhàn ma?

이불 베이즈 被子 bèizi

- 이불을 교체해주실 수 있나요? 46
  크어이 환 뻬이즈마?
  可以换被子吗？ Kěyǐ huàn bèizi ma?

이상한 치꽈이 奇怪 qíguài

- 여기에서 이상한 것이 나왔어요. 83
  쩌리 요우 치꽈이더 똥시.
  这里有奇怪的东西。 Zhèli yǒu qíguài de dōngxi.

이상한 냄새 쵸우웰 臭味儿 chòuwèir

- 이거 이상한 냄새가 나요. 116
  쩌거 요우 쵸우웰.
  这个有臭味儿。 Zhège yǒu chòuwèir.

이화원 이흐어위엔 颐和园 Yíhéyuán

- 이화원 가나요? 31
  취 이흐어위엔마?
  去颐和园吗？ Qù Yíhéyuán ma?

익다 슈 熟 shú

- 이 음식 안 익었어요. 83
  쩌거차이 메이슈.
  这个菜没熟。 Zhège cài méi shú.

인민광장 런민광챵 人民广场 Rénmín Guǎngchǎng

- 이번 역이 인민광장역인가요? 31
  쩌이짠 쓸 런민광챵 짠마?
  这一站是人民广场站吗？
  Zhè yí zhàn shì Rénmín Guǎngchǎng zhàn ma?

일반석 잉쭈어 硬座 yìngzuò

- 일반석으로 주세요. 36
  워야오 잉쭈어.
  我要硬座。 Wǒ yào yìngzuò.

일회용 장갑 이츠씽 쑈우타오 一次性手套 yí cì xìng shǒutào

- 일회용 장갑 있나요? 64
  요우 이츠씽 쑈우타오마?
  有一次性手套吗？ Yǒu yí cì xìng shǒutào ma?

임산부 윈푸 孕妇 yùnfù

- 임산부예요. 11
  워쓸 윈푸.
  我是孕妇。 Wǒ shì yùnfù.

입구 먼코우 门口 ménkǒu

- 호텔 입구에 세워주세요. 28
  짜이 지우띠엔 먼코우 팅이씨아.
  在酒店门口停一下。 Zài jiǔdiàn ménkǒu tíng yíxià.

입어 보다 쓸츄안 试穿 shìchuān

- 입어볼 수 있나요? 107
  크어이 쓸츄안마?
  可以试穿吗？ Kěyǐ shìchuān ma?

입장하다 루챵 入场 rùchǎng

- 입장해도 되나요? 97
  크어이 루챵마?
  可以入场吗？ Kěyǐ rùchǎng ma?

ㅈ

자금성 꾸꽁 故宫 Gùgōng

- 자금성으로 가주세요. 27
  워야오 취 꾸꽁.
  我要去故宫。 Wǒ yào qù Gùgōng.

자리 웨이즈 位子 wèizi

- 자리 있어요? 57
  요우 웨이즈마?
  有位子吗？ Yǒu wèizi ma?

- 제 자리예요. 37
  쩌쓸 워더 웨이즈.
  这是我的位子。 Zhè shì wǒ de wèizi.

자유이용권 통피아오 通票 tōngpiào

- 자유이용권 한 장이요. 93
  이쨩 통피아오.
  一张通票。 Yì zhāng tōngpiào.

작동이 안 되다 메이요우 판잉 没有反应 méiyǒu fǎnyìng

- 이거 작동이 안 돼요. 116
  쩌 메이요우 판잉.
  这个没有反应。 Zhège méiyǒu fǎnyìng.

작은 샤오 小 xiǎo

- 더 작은 거 있나요? 108
  요우 샤오디알더마?
  有小点儿的吗？ Yǒu xiǎo diǎnr de ma?

- 작은 사이즈로 교환할 수 있나요?   115
  크어이 환청 샤오하오마?
  可以换成小号吗？ Kěyǐ huànchéng xiǎohào ma?

작은 접시 샤오디에즈 小碟子 xiǎo diézi

- 작은 접시 있나요?   64
  요우 샤오디에즈마?
  有小碟子吗？ Yǒu xiǎo diézi ma?

잔 뻬이 杯 bēi

- 한 잔 더 주세요.   76
  짜이라이 이뻬이.
  再来一杯。 Zài lái yì bēi.

잔돈 링치엔 零钱 língqián

- 잔돈은 괜찮아요.   29
  부용 쟈오 링치엔.
  不用找零钱。 Búyòng zhǎo língqián.

잠겼다 뻬이수어러 被锁了 bèi suǒ le

- 제 캐리어가 잠겼어요.   17
  워더 싱리 뻬이수어러.
  我的行李被锁了。 Wǒ de xíngli bèi suǒ le.

재입장하다 짜이츠 루챵 再次入场 zàicì rùchǎng

- 재입장해도 되나요?   97
  크어이 짜이츠 루챵마?
  可以再次入场吗？ Kěyǐ zàicì rùchǎng ma?

재촉하다 추이 催 cuī

- 재촉해주세요.   84
  칭 빵워 추이이씨아.
  请帮我催一下。 Qǐng bāng wǒ cuī yíxià.

저기 나리 那里 nàli

- 저기에 앉아도 되나요?   56
  크어이 쭈어 나리마?
  可以坐那里吗？ Kěyǐ zuò nàli ma?

저렴한 피엔이 便宜 piányi

- 더 저렴한 거 있나요?   108
  요우 피엔이디알더마?
  有便宜点儿的吗？ Yǒu piányi diǎnr de ma?

전기 포트 띠엔르어 슈에이후 电热水壶 diànrèshuǐhú

- 전기 포트를 교체해주실 수 있나요?   46
  크어이 환 띠엔르어 슈에이후마?
  可以换电热水壶吗？ Kěyǐ huàn diànrèshuǐhú ma?

전등 띠엔떵 电灯 diàndēng

- 전등이 고장났어요.   50
  띠엔떵 화이러.
  电灯坏了。 Diàndēng huài le.

전신 마사지 취엔쎤 안모어 全身按摩 quánshēn ànmó

- 전신 마사지를 받고 싶어요.   101
  워야오 쭈어 취엔쎤 안모어.
  我要做全身按摩。 Wǒ yào zuò quánshēn ànmó.

전신 사진 취엔쎤쨔오 全身照 quánshēn zhào

- 전신 사진 찍어 주실 수 있나요?   98
  크어이 빵워 파이 취엔쎤쨔오마?
  可以帮我拍全身照吗？ Kěyǐ bāng wǒ pāi quánshēn zhào ma?

전자 담배 띠엔즈옌 电子烟 diànzǐyān

- 전자 담배 가지고 탈 수 있나요?   10
  띠엔즈옌 크어이 따이샹페이찌마?
  电子烟可以带上飞机吗？ Diànzǐyān kěyǐ dàishang fēijī ma?

접시 디에즈 碟子 diézi

- 접시 좀 바꿔주세요.   79
  환이씨아 디에즈.
  换一下碟子。 Huàn yíxià diézi.

젓가락 콰이즈 筷子 kuàizi

- 젓가락 좀 바꿔주세요.   79
  환이씨아 콰이즈.
  换一下筷子。 Huàn yíxià kuàizi.

정문 쩡먼 正门 zhèngmén

- 정문은 어떻게 가나요?   24
  쩡먼 전머조우?
  正门怎么走？ Zhèngmén zěnme zǒu?

조식 뷔페 쯔쮸자오찬 自助早餐 zìzhù zǎocān

- 조식 뷔페는 몇 시에 마감해요?   49
  쯔쮸자오찬 지디엔 관먼?
  自助早餐几点关门？ Zìzhù zǎocān jǐ diǎn guānmén?

- 조식 뷔페는 몇 시에 오픈해요? 49
  쯔쥬자오찬 지디엔 카이먼?
  自助早餐几点开门? Zìzhù zǎocān jǐ diǎn kāimén?

조식 자오찬 早餐 zǎocān

- 조식은 포함인가요? 43
  빠오쿠어 자오찬마?
  包括早餐吗? Bāokuò zǎocān ma?

조용히 안찡 安静 ānjìng

- 조금 조용히 해주세요. 14
  칭니 안찡 이디알.
  请你安静一点儿. Qǐng nǐ ānjìng yìdiǎnr.

종일권 취엔르피아오 全日票 quánrì piào

- 종일권 한 장이요. 93
  이쨩 취엔르피아오.
  一张全日票. Yì zhāng quánrì piào.

좌석 쭈어웨이 座位 zuòwèi

- 좌석을 변경할 수 있나요? 94
  크어이 환 쭈어웨이마?
  可以换座位吗? Kěyǐ huàn zuòwèi ma?

(음식을) 주문하다 디엔찬 点餐 diǎncān

- 주문이요. 61
  디엔찬.
  点餐. Diǎncān.

- 지금 주문할 수 있나요? 56
  씨엔짜이 크어이 디엔찬마?
  现在可以点餐吗? Xiànzài kěyǐ diǎncān ma?

주소 띠즈 地址 dìzhǐ

- 여기 제 숙소 주소입니다. 126
  쩌쓸 워더 쭈쑤 띠즈.
  这是我的住宿地址. Zhè shì wǒ de zhùsù dìzhǐ.

주스 구어쯜 果汁 guǒzhī

- 주스 주세요. 13
  워야오 구어쯜.
  我要果汁. Wǒ yào guǒzhī.

줄 서다 파이뚜이 排队 páiduì

- 줄 서신 건가요? 95
  짜이 파이뚜이마?
  在排队吗? Zài páiduì ma?

- 줄을 서야 하나요? 55
  쉬야오 파이뚜이마?
  需要排队吗? Xūyào páiduì ma?

중간 쭝찌엔 中间 zhōngjiān

- 중간으로 주세요. 93
  워야오 쭝찌엔더.
  我要中间的. Wǒ yào zhōngjiān de.

지갑 치엔빠오 钱包 qiánbāo

- 제 지갑이 비행기에 있어요. 17
  워더 치엔빠오 짜이 페이찌샹.
  我的钱包在飞机上. Wǒ de qiánbāo zài fēijī shang.

- 지갑을 잃어버렸어요. 125
  워더 치엔빠오 띠우러.
  我的钱包丢了. Wǒ de qiánbāo diū le.

지하철 띠티에 地铁 dìtiě

- 지하철 타고 갈 수 있나요? 24
  크어이 쭈어 띠티에 취마?
  可以坐地铁去吗? Kěyǐ zuò dìtiě qù ma?

- 휴대폰을 지하철에 두고 왔어요. 125
  워바 쇼우찌 라짜이 띠티에샹러.
  我把手机落在地铁上了.
  Wǒ bǎ shǒujī là zài dìtiě shàng le.

지하철역 띠티에짠 地铁站 dìtiězhàn

- 지하철역에 세워주세요. 28
  짜이 띠티에짠 팅이씨아.
  在地铁站停一下. Zài dìtiězhàn tíng yíxià.

- 지하철역은 어디에 있나요? 23
  띠티에짠 짜이날?
  地铁站在哪儿? Dìtiězhàn zài nǎr?

짐 싱리 行李 xíngli

- 이건 제 짐이에요. 36
  쩌쓸 워더 싱리.
  这是我的行李. Zhè shì wǒ de xíngli.

짐 보관 락커 찌춘꾸이 寄存柜 jìcún guì

- 짐 보관 락커는 어디에 있나요? 32
  찌춘꾸이 짜이날?
  寄存柜在哪儿? Jìcún guì zài nǎr?

집게 찌아즈 夹子 jiāzi

- 집게 있나요? 64
  요우 찌아즈마?
  有夹子吗? Yǒu jiāzi ma?

짜다 시엔 咸 xián

- 이 음식 너무 짜요. 83
  쪄거차이 타이 시엔러.
  这个菜太咸了。Zhège cài tài xián le.

- 짠가요? 60
  헌 시엔마?
  很咸吗? Hěn xián ma?

ㅊ

차갑다, 아이스 삥 冰 bīng

- 차가운 거 있나요? 75
  요우 삥더마?
  有冰的吗? Yǒu bīng de ma?

(발로) 차다 티 踢 tī

- 의자를 차지 말아주세요. 14
  칭니 부야오티 이즈.
  请你不要踢椅子。Qǐng nǐ búyào tī yǐzi.

차표 쳐피아오 车票 chēpiào

- 이건 제 기차표예요. 36
  쪄쓸 워더 쳐피아오.
  这是我的车票。Zhè shì wǒ de chēpiào.

착용해 보다 쓸따이 试戴 shìdài

- 착용해 볼 수 있나요? 107
  크어이 쓸따이마?
  可以试戴吗? Kěyǐ shìdài ma?

창가 쪽 카오츄앙 靠窗 kàochuāng

- 창가 쪽 좌석으로 주세요. 9
  워야오 카오츄앙더 쭈어웨이.
  我要靠窗的座位。Wǒ yào kàochuāng de zuòwèi.

- 창가 쪽에 앉아도 되나요? 56
  크어이 쭈어 츄앙비엔마?
  可以坐窗边吗? Kěyǐ zuò chuāng biān ma?

천안문 광장 티엔안먼광챵
天安门广场 Tiān'ānmén Guǎngchǎng

- 천안문 광장으로 가주세요. 27
  워야오 취 티엔안먼광챵.
  我要去天安门广场。
  Wǒ yào qù Tiān'ānmén Guǎngchǎng.

천천히 만이디알 慢一点儿 màn yìdiǎnr

- 천천히 해주실 수 있나요? 102
  크어이 만이디알마?
  可以慢一点儿吗? Kěyǐ màn yìdiǎnr ma?

첫차 쇼우빤쳐 首班车 shǒubānchē

- 첫차 걸로 주세요. 35
  워야오 쇼우빤쳐더.
  我要首班车的。Wǒ yào shǒubānchē de.

체크아웃 투이팡 退房 tuìfáng

- 레이트 체크아웃 할게요. 41
  워야오 옌츨 투이팡.
  我要延迟退房。Wǒ yào yánchí tuìfáng.

- 지금 체크아웃 할게요. 41
  워야오 리지 투이팡.
  我要立即退房。Wǒ yào lìjí tuìfáng.

- 체크아웃 할게요. 41
  워야오 투이팡.
  我要退房。Wǒ yào tuìfáng.

- 체크아웃은 몇 시예요? 43
  투이팡 슬찌엔쓸 션머슬호우?
  退房时间是什么时候?
  Tuìfáng shíjiān shì shénme shíhou?

체크인 루쮸 入住 rùzhù

- 얼리 체크인 할게요. 41
  워야오 티치엔 루쮸.
  我要提前入住。Wǒ yào tíqián rùzhù.

- 체크인 할게요. 41
  워야오 루쮸.
  我要入住。Wǒ yào rùzhù.

초코칩 챠오커리쑤이 巧克力碎 qiǎokèlì suì

- 초코칩 추가해주세요. 72
  칭 찌아디알 챠오커리쑤이.
  请加点儿巧克力碎。Qǐng jiā diǎnr qiǎokèlì suì.

추가하다 찌아 加 jiā

- 맥너겟 추가해주세요. 68
  워야오 찌아 마이르어찌.
  我要加麦乐鸡。Wǒ yào jiā màilèjī.

- 이 캐리어 추가할게요. 9
  워야오 찌아 쪄거싱리.
  我要加这个行李。Wǒ yào jiā zhège xíngli.

- 침대를 추가할 수 있나요? 42
  크어이 찌아 츄앙마?
  可以加床吗? Kěyǐ jiā chuáng ma?

추천하다 투이찌엔 推荐 tuījiàn

- 추천하는 요리가 뭐예요? 60
  니 투이찌엔더 차이 쓸션머?
  你推荐的菜是什么? Nǐ tuījiàn de cài shì shénme?

출구 츄코우 出口 chūkǒu

- C 출구는 어디에 있나요? 32
  씨 츄코우 짜이날?
  C出口在哪儿? C chūkǒu zài nǎr?

출국 환급 신청서 투이쓔이 썬칭비아오
退税申请表 tuìshuì shēnqǐngbiǎo

- 출국 환급 신청서 주세요. 116
  칭 게이워 투이쓔이 썬칭비아오.
  请给我退税申请表。Qǐng gěi wǒ tuìshuì shēnqǐngbiǎo.

출장 츄차이 出差 chūchāi

- 출장 왔어요. 10
  워쓸 라이 츄차이더.
  我是来出差的。Wǒ shì lái chūchāi de.

춥다 렁 冷 lěng

- 조금 추워요. 102
  요우디알 렁.
  有点儿冷。Yǒudiǎnr lěng.

충전기 총띠엔치 充电器 chōngdiànqì

- 충전기 있나요? 45
  요우 총띠엔치마?
  有充电器吗? Yǒu chōngdiànqì ma?

충전하다 총즐 充值 chōngzhí

- 어디에서 충전하나요? 32
  짜이날 총즐?
  在哪儿充值? Zài nǎr chōngzhí?

취소하다 취씨아오 取消 qǔxiāo

- 취소해주세요. 84
  칭 빵워 취씨아오이씨아.
  请帮我取消一下。Qǐng bāng wǒ qǔxiāo yíxià.

- 표를 취소할 수 있나요? 94
  크어이 취씨아오피아오마?
  可以取消票吗? Kěyǐ qǔxiāo piào ma?

치우다 쑈우슬 收拾 shōushi

- 치워 주세요. 80
  빵워 쑈우슬이씨아.
  帮我收拾一下。Bāng wǒ shōushi yíxià.

치즈 버거 쯜쓸바오 芝士堡 zhīshì bāo

- 더블 치즈 버거 세트 주세요. 67
  워야오 쓔앙청 쯜쓸바오 타오찬.
  我要双层芝士堡套餐。
  Wǒ yào shuāngcéng zhīshì bāo tàocān.

치즈 스틱 쯜쓸빵 芝士棒 zhīshì bàng

- 치즈 스틱으로 바꿔주세요. 67
  워야오 환청 쯜쓸빵.
  我要换成芝士棒。Wǒ yào huànchéng zhīshì bàng.

침대 시트 츄앙딴 床单 chuángdān

- 침대 시트를 교체해주실 수 있나요? 46
  크어이 환 츄앙딴마?
  可以换床单吗? Kěyǐ huàn chuángdān ma?

침대칸 잉워 硬卧 yìngwò

- 일반 침대칸으로 주세요. 36
  워야오 잉워.
  我要硬卧。Wǒ yào yìngwò.

ㅋ

카드 카 卡 kǎ

- 이 카드로 할게요. 112
  워야오 용 쪄쨩카.
  我要用这张卡。Wǒ yào yòng zhè zhāng kǎ.

카드 결제 쓔아카 刷卡 shuākǎ

- 카드 결제로 할게요. 112
  워야오 쓔아카.
  我要刷卡。Wǒ yào shuākǎ.

카메라 쨔오썅찌 照相机 zhàoxiàngjī

- 카메라를 도난당했어요.   126
  워더 쨔오썅찌 뻬이 토우러.
  我的照相机被偷了。 Wǒ de zhàoxiàngjī bèi tōu le.

카페 카페이팅 咖啡厅 kāfēitīng

- 근처에 카페가 있나요?   23
  푸찐 요우 카페이팅마?
  附近有咖啡厅吗？ Fùjìn yǒu kāfēitīng ma?

캐리어 싱리썅 行李箱 xínglixiāng

- 제 캐리어가 바뀌었어요.   17
  워더 싱리썅 뻬이 나조우러.
  我的行李箱被拿走了。
  Wǒ de xínglixiāng bèi názǒu le.

- 캐리어를 잃어버렸어요.   125
  워더 싱리썅 띠우러.
  我的行李箱丢了。 Wǒ de xínglixiāng diū le.

캔 팅 听 tīng

- 한 캔 더 주세요.   76
  짜이라이 이팅.
  再来一听。 Zài lái yì tīng.

커피 카페이 咖啡 kāfēi

- 커피 주세요.   13
  워야오 카페이.
  我要咖啡。 Wǒ yào kāfēi.

컵 뻬이즈 杯子 bēizi

- 컵 좀 바꿔주세요.   79
  환이씨아 뻬이즈.
  换一下杯子。 Huàn yíxià bēizi.

- 컵 하나 더 주세요.   79
  짜이게이워 거 뻬이즈.
  再给我个杯子。 Zài gěi wǒ ge bēizi.

케첩 판치에쨩 番茄酱 fānqiéjiàng

- 케첩은 어디에 있어요?   68
  판치에쨩 짜이날?
  番茄酱在哪儿？ Fānqiéjiàng zài nǎr?

코울슬로 위미뻬이 玉米杯 yùmǐ bēi

- 코울슬로로 바꿔주세요.   67
  워야오 환청 위미뻬이.
  我要换成玉米杯。 Wǒ yào huànchéng yùmǐ bēi.

콜라 크어르어 可乐 kělè

- 콜라 주세요.   13
  워야오 크어르어.
  我要可乐。 Wǒ yào kělè.

콜택시 찌아오처 叫车 jiào chē

- 콜택시 서비스를 원해요.   46
  워야오 찌아오처 푸우.
  我要叫车服务。 Wǒ yào jiào chē fúwù.

큰 따 大 dà

- (옷) 큰 사이즈로 교환할 수 있나요?   115
  크어이 환청 따하오마?
  可以换成大号吗？ Kěyǐ huànchéng dàhào ma?

- 더 큰 거 있나요?   108
  요우 따디알더마?
  有大点儿的吗？ Yǒu dà diǎnr de ma?

- 큰 잔 있나요?   76
  요우 따뻬이마?
  有大杯吗？ Yǒu dà bēi ma?

ㅌ

(차를) 타다 쌍쳐 上车 shàng chē

- 어디에서 타나요?   32
  짜이날 쌍쳐?
  在哪儿上车？ Zài nǎr shàng chē?

타로 파이 쌍위파이 香芋派 xiāng yù pài

- 타로 파이 추가해주세요.   68
  워야오 찌아 쌍위파이.
  我要加香芋派。 Wǒ yào jiā xiāng yù pài.

(음식이) 탔다 후러 糊了 hú le

- 이 음식 약간 탔어요.   83
  쩌거차이 요우디알 후러.
  这个菜有点儿糊了。 Zhège cài yǒudiǎnr hú le.

태블릿PC 핑반 띠엔나오 平板电脑 píngbǎn diànnǎo

- 태블릿PC를 도난당했어요.   126
  워더 핑반 띠엔나오 뻬이 토우러.
  我的平板电脑被偷了。
  Wǒ de píngbǎn diànnǎo bèi tōu le.

택시 츄쭈쳐 出租车 chūzūchē

· 택시 타고 갈 수 있나요? 24
 크어이 쭈어 츄쭈쳐 취마?
 可以坐出租车去吗? Kěyǐ zuò chūzūchē qù ma?

· 휴대폰을 택시에 두고 왔어요. 125
 워바 쇼우찌 라짜이 츄쭈쳐샹러.
 我把手机落在出租车上了。
 Wǒ bǎ shǒujī là zài chūzūchē shàng le.

테스트하다 쓸슬 试试 shìshi

· 테스트해 볼 수 있나요? 107
 크어이 쓸슬마?
 可以试试吗? Kěyǐ shìshi ma?

테이블 샤오쮸오반 小桌板 xiǎozhuōbǎn

· 테이블이 고장났어요. 14
 워더 샤오쮸오반 화이러.
 我的小桌板坏了。Wǒ de xiǎozhuōbǎn huài le.

테이크아웃 따이조우 带走 dàizǒu

· 테이크아웃 할게요. 87
 워야오 따이조우.
 我要带走。Wǒ yào dàizǒu.

토마토탕 씨홍쓸탕 西红柿汤 xīhóngshì tāng

· 토마토탕으로 주세요. 63
 워야오 씨홍쓸탕.
 我要西红柿汤。Wǒ yào xīhóngshì tāng.

토핑 샤오랴오 小料 xiǎoliào

· 토핑 빼주세요. 72
 부야오 샤오랴오.
 不要小料。Bú yào xiǎoliào.

트렁크 호우뻬이썅 后备箱 hòubèixiāng

· 트렁크를 열어 주실 수 있나요? 27
 크어이 카이 호우뻬이썅마?
 可以开后备箱吗? Kěyǐ kāi hòubèixiāng ma?

트윈룸 쓔앙츄앙팡 双床房 shuāngchuángfáng

· 트윈룸 예약했어요. 41
 워 위띵러 쓔앙츄앙팡.
 我预订了双床房。Wǒ yùdìngle shuāngchuángfáng.

티슈 웨이썽즐 卫生纸 wèishēngzhǐ

· 티슈 더 가져다주세요. 45
 짜이게이워 이씨에 웨이썽즐.
 再给我一些卫生纸。Zài gěi wǒ yìxiē wèishēngzhǐ.

ㅍ

파손되다 화이러 坏了 huài le

· 제 캐리어가 파손됐어요. 17
 워더 씽리 화이러.
 我的行李坏了。Wǒ de xíngli huài le.

퍼레이드 쉰요우 巡游 xúnyóu

· 퍼레이드는 언제 시작하나요? 97
 쉰요우 션머슬호우 카이슬?
 巡游什么时候开始? Xúnyóu shénme shíhou kāishǐ?

(밀크티) 펄 쩐쭈 珍珠 zhēnzhū

· 펄 추가해주세요. 72
 칭 찌아디알 쩐쭈.
 请加点儿珍珠。Qǐng jiā diǎnr zhēnzhū.

펜 비 笔 bǐ

· 펜 있나요? 13
 요우 비마?
 有笔吗? Yǒu bǐ ma?

편도 딴쳥 单程 dānchéng

· 편도표로 주세요. 36
 워야오 딴쳥피아오.
 我要单程票。Wǒ yào dānchéng piào.

편의점 삐엔리띠엔 便利店 biànlìdiàn

· 근처에 편의점이 있나요? 23
 푸찐 요우 삐엔리띠엔마?
 附近有便利店吗? Fùjìn yǒu biànlìdiàn ma?

포장하다 다빠오 打包 dǎbāo

· 지금 포장할 수 있나요? 56
 씨엔짜이 크어이 다빠오마?
 现在可以打包吗? Xiànzài kěyǐ dǎbāo ma?

· 포장 할게요. 87
 워야오 다빠오.
 我要打包。Wǒ yào dǎbāo.

급할 때 바로 찾아 말하는 여행 문장 사전 **161**

- 포장해 주세요. 80
  빵워 다빠오.
  帮我打包。Bāng wǒ dǎbāo.

포크 챠즈 叉子 chāzi

- 포크 하나 더 주세요. 79
  짜이게이워 거 챠즈.
  再给我个叉子。Zài gěi wǒ ge chāzi.

표 피아오 票 piào

- 표를 확인하고 싶어요. 18
  워야오 챠칸 피아오.
  我要查看票。Wǒ yào chákàn piào.

피처 짜 扎 zhā

- 한 피처 더 주세요. 76
  짜이라이 이쨔.
  再来一扎。Zài lái yì zhā.

ㅎ

하나 이거 一个 yí ge

- 하나는 얼마예요? 111
  이거 뚜어샤오치엔?
  一个多少钱? Yí ge duōshao qián?

하수구 씨아슈에이따오 下水道 xiàshuǐdào

- 하수구가 막혔어요. 50
  씨아슈에이따오 두쮸러.
  下水道堵住了。Xiàshuǐdào dǔzhù le.

한 개 이거 一个 yí ge

- 한 개 더 주세요. 76
  짜이라이 이거.
  再来一个。Zài lái yí ge.
- 한 개 주세요. 59
  워야오 이거.
  我要一个。Wǒ yào yí ge.

한 근 이찐 一斤 yì jīn

- 한 근은 얼마예요? 111
  이찐 뚜어샤오치엔?
  一斤多少钱? Yì jīn duōshao qián?

한 명 이거런 一个人 yí ge rén

- 한 명이요. 55
  이거런.
  一个人。Yí ge rén.

한 장 이쨩 一张 yì zhāng

- 표를 한 장만 취소할 수 있나요? 94
  크어이 즐 취씨아오 이쨩 피아오마?
  可以只取消一张票吗?
  Kěyǐ zhǐ qǔxiāo yì zhāng piào ma?

한 접시 이판 一盘 yì pán

- 한 접시 주세요. 59
  워야오 이판.
  我要一盘。Wǒ yào yì pán.

한국인 한구어런 韩国人 Hánguórén

- 한국인이에요. 37, 123
  워쓰 한구어런.
  我是韩国人。Wǒ shì Hánguórén.

한식당 한구어 찬팅 餐厅 cāntīng

- 근처에 한식당이 있나요? 23
  푸찐 요우 한구어 찬팅마?
  附近有韩国餐厅吗? Fùjìn yǒu Hánguó cāntīng ma?

할인 다져 打折 dǎ zhé

- 할인된 건가요? 113
  쪄쓸 다완져더마?
  这是打完折的吗? Zhè shì dǎ wán zhé de ma?

해열제 투이샤오야오 退烧药 tuìshāoyào

- 해열제 주세요. 121
  워야오 투이샤오야오.
  我要退烧药。Wǒ yào tuìshāoyào.

향수 씨앙슈에이 香水 xiāngshuǐ

- 향수 가지고 탈 수 있나요? 10
  씨앙슈에이 크어이 따이샹페이찌마?
  香水可以带上飞机吗?
  Xiāngshuǐ kěyǐ dàishang fēijī ma?

허리 야오 腰 yāo

- 허리가 아파요. 122
  야오 헌텅.
  腰很疼。Yāo hěn téng.

- 허리를 집중적으로 해주세요. 101
  칭 쥬야오 안모어 야오.
  请主要按摩腰。 Qǐng zhǔyào ànmó yāo.

헤드폰 얼찌 耳机 ěrjī

- 헤드폰 있나요? 13
  요우 얼찌마?
  有耳机吗? Yǒu ěrjī ma?

헬스장 찌엔썬팡 健身房 jiànshēnfáng

- 근처에 헬스장이 있나요? 23
  푸찐 요우 찌엔썬팡마?
  附近有健身房吗? Fùjìn yǒu jiànshēnfáng ma?

- 헬스장은 몇 시에 마감해요? 49
  찌엔썬팡 지디엔 꽌먼?
  健身房几点关门? Jiànshēnfáng jǐ diǎn guānmén?

- 헬스장은 몇 시에 오픈해요? 49
  찌엔썬팡 지디엔 카이먼?
  健身房几点开门? Jiànshēnfáng jǐ diǎn kāimén?

현금 씨엔찐 现金 xiànjīn

- 현금으로 할게요. 112
  워야오 용 씨엔찐.
  我要用现金。Wǒ yào yòng xiànjīn.

- 현금으로 해도 되나요? 28, 87
  크어이 용 씨엔찐 마?
  可以用现金吗? Kěyǐ yòng xiànjīn ma?

호텔 지우띠엔 酒店 jiǔdiàn

- 호텔 가나요? 31
  취 지우띠엔마?
  去酒店吗? Qù jiǔdiàn ma?

- 호텔은 어디에 있나요? 23
  지우띠엔 짜이날?
  酒店在哪儿? Jiǔdiàn zài nǎr?

- 휴대폰을 호텔에 두고 왔어요. 125
  워바 쇼우찌 라짜이 지우띠엔리러.
  我把手机落在酒店里了。
  Wǒ bǎ shǒujī là zài jiǔdiàn lǐ le.

홍탕 홍탕 红汤 hóngtāng

- 홍탕으로 주세요. 63
  워야오 홍탕.
  我要红汤。Wǒ yào hóngtāng.

화장실 시쇼우찌엔 洗手间 xǐshǒujiān

- 근처에 화장실이 있나요? 23
  푸찐 요우 시쇼우찌엔마?
  附近有洗手间吗? Fùjìn yǒu xǐshǒujiān ma?

- 화장실은 어디에 있나요? 32
  시쇼우찌엔 짜이날?
  洗手间在哪儿? Xǐshǒujiān zài nǎr?

확인하다 취에런 确认 quèrèn

- 확인해주세요. 84
  칭 빵워 취에런이씨아.
  请帮我确认一下。Qǐng bāng wǒ quèrèn yíxià.

환불하다 투이 退 tuì

- 일부 환불하고 싶어요. 115
  워야오 투이 이뿌펀 치엔.
  我要退一部分钱。Wǒ yào tuì yíbùfen qián.

- 표를 환불하고 싶어요. 18
  워야오 투이 피아오.
  我要退票。Wǒ yào tuì piào.

- 표를 환불할 수 있나요? 94
  크어이 투이피아오마?
  可以退票吗? Kěyǐ tuì piào ma?

- 환불하고 싶어요. 115
  워야오 투이치엔.
  我要退钱。Wǒ yào tuìqián.

환승하다 환청 换乘 huànchéng

- 어디에서 환승하나요? 32
  짜이날 환청?
  在哪儿换乘? Zài nǎr huànchéng?

회차 챵츠 场次 chǎngcì

- 회차를 변경할 수 있나요? 94
  크어이 환 챵츠마?
  可以换场次吗? Kěyǐ huàn chǎngcì ma?

휘핑크림 나이요우 奶油 nǎiyóu

- 휘핑크림 빼주세요. 72
  부야오 나이요우.
  不要奶油。Bú yào nǎiyóu.

휴가 뚜찌아 度假 dùjià

- 휴가 왔어요.   10
  워쓸 라이 뚜찌아더.
  我是来度假的。 Wǒ shì lái dùjià de.

휴대폰 쇼우찌 手机 shǒujī

- 제 휴대폰이 비행기에 있어요.   17
  워더 쇼우찌 짜이 페이찌샹.
  我的手机在飞机上。 Wǒ de shǒujī zài fēijī shang.

휴대폰 번호 쇼우찌하오 手机号 shǒujīhào

- 여기 제 휴대폰 번호입니다.   126
  쩌쓸 워더 쇼우찌하오.
  这是我的手机号。 Zhè shì wǒ de shǒujīhào.

휴식 공간 씨우시슬 休息室 xiūxishì

- 휴식 공간이 제공되나요?   18
  티꽁 씨우시슬마?
  提供休息室吗? Tígōng xiūxishì ma?

흰색 바이쓰어 白色 báisè

- 흰색 있나요?   108
  요우 바이쓰어 마?
  有白色吗? Yǒu báisè ma?

히터 놘치 暖气 nuǎnqì

- 히터를 어떻게 사용하나요?   50
  놘치 전머용?
  暖气怎么用? Nuǎnqì zěnme yòng?

- 히터를 틀어 주실 수 있나요?   27
  크어이 카이 놘치마?
  可以开暖气吗? Kěyǐ kāi nuǎnqì ma?

초판 2쇄 발행 2025년 6월 16일
초판 1쇄 발행 2025년 1월 24일

지은이	해커스 중국어연구소
펴낸곳	㈜해커스 어학연구소
펴낸이	해커스 어학연구소 출판팀
주소	서울특별시 서초구 강남대로61길 23 ㈜해커스 어학연구소
고객센터	02-537-5000
교재 관련 문의	publishing@hackers.com
	해커스중국어 사이트(china.Hackers.com) 교재Q&A 게시판
동영상강의	china.Hackers.com
ISBN	978-89-6542-752-0 (13720)
Serial Number	01-02-01

저작권자 ⓒ 2025, 해커스 어학연구소

이 책 및 음성파일의 모든 내용, 이미지, 디자인, 편집 형태에 대한 저작권은 저자에게 있습니다.
서면에 의한 저자와 출판사의 허락 없이 내용의 일부 혹은 전부를 인용, 발췌하거나 복제,
배포할 수 없습니다.

중국어인강 1위
해커스중국어 china.Hackers.com
해커스 중국어

- 하루 10분씩 따라 하면 중국어회화가 되는 **본 교재 동영상강의**(교재 내 할인쿠폰 수록)
- 중국인의 발음, 억양, 속도를 듣고 따라 말하는 **교재 MP3 무료 다운로드**
- 중국어회화 레벨테스트, 데일리 중국어 필수 단어 등 다양한 학습 콘텐츠

[중국어인강 1위] 주간동아 선정 2019 한국 브랜드 만족지수 교육(중국어인강) 부문 1위

중국어인강 **1위** 해커스

[중국어인강 1위] 주간동아 선정 2019 한국 브랜드 만족지수 교육(중국어인강) 부문 1위
[평생] 100일 출석 미션 달성 시 365일씩 연장

중국어 전 강좌
평생패스

기초회화부터 HSK, HSKK, TSC까지
중국어 전 강좌 수강기간 걱정 없이 평생수강!

해커스중국어 전 강좌
평생 무제한 수강

*100일 출석 미션 달성 시 365일씩 연장

수강기간 내 신규강의
무료 업데이트

중국어회화/HSK
교재 제공

*교재 제공 상품 구매 시

MP3&학습자료
109종 모두 무료!

*PDF

스타강사진의
1:1 학습코칭 무료

영어+제2외국어
회화 인강 무료

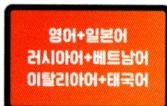

*영어 35일, 제2외국어 60일간 수강가능

해커스중국어
china.Hackers.com

중국어 전 강좌 평생패스 ▶